「한성택 목사」의 4가지 전략 부흥회 설교집

기도
전도
양육
심방

목양이야기

e뉴스한국

― 목
차 ―

머리말

2003년 1월 1일부터 시작한 목양교사 운동이 벌써 10년을 넘어가고 있습니다.

10여년 동안 저희교회와 전국의 많은 교회에 목양교사들의 헌신으로 다음세대가 살아나고 교회가 회복되는 것을 보았습니다. 그 무엇보다 하나님께서 목양의 4가지 전략을 주셔서 가는 곳마다 4가지 전략을 배우고 접목하여 놀라운 부흥이 일어난 것을 하나님께 감사드립니다.

다음세대 부흥이든, 교회에 어떤 사역이든 간에 기도·전도 양육·심방 이 네가지 목양전략은 본질입니다.

항상 본질에 힘을 쓸려고 노력했습니다. 프로그램보다본질에 집중하였더니 부흥이 일어났습니다.

이번에 출간되는 책은 목양의 4가지 전략이라는 주제로 부흥회를 했던것을 그대로 풀어서 책으로 옮겼습니다.

그래서인지 책으로는 미비한 점이 많습니다. 언어가 투박하고 거칠어서 독자들에게 부담을 주는것은 아닐까 걱정도 많이 했습니다. 기도중에 하나님께서 감동을 주셔서 부족하지만 출간하기로 결정했습니다.

이 책은 교사와 리더들에게 성경적인 목양의 본질로 돌아가서 하나님의 교회를세우고 한 명의 제자삼는데 도움이 되기를 간절히 바라는 마음입니다.

목양사역이 불 붙어서 한번도 교사해보지 못한 사람이 100명을 감당하는 이시대 무디들이 나오는 것을 보았습니다.

그들이 사용한 전략이 기도·전도·양육·심방입니다.

이 책을 통하여 이시대 다음세대를 살리는 무디같은 교사와 리더들이 나오기를간절히 바랍니다.

이 책을 열 번만 읽고 실천한다면 다음세대가 부흥하리라 확신합니다. 무너져가는 다음세대 사역에 한 줄기 희망이 되는 책으로 사용받고 싶습니다.

이 책은 저의 설교 시디를 다 풀어서 정성을 다해 준비해주신 임계빈 목사님이 아니면 세상에 나오지 못했을 겁니다.

나의 목양에 동역자가 되시는 존경하는 임계빈 목사님께 진심으로 감사드립니다. 그리고 뒤에서 용기를 주시고 기도해주신 예환꿈교회 성도님들과 책이 나오기까지 수고해주신 이재희 안수집사님께 감사드립니다.

또한 책을 아름답게 만들어 주신 e뉴스한국 박수정 사장님께 감사드립니다.

이 책을 통하여 다음세대를 세우실 하나님께 영광돌립니다.

2014년 10월 28일 한성택 목사

서론

　지금의 교회는 목양시스템이 아닙니다. 떠나는 아이도 문제지만 남아 있는 아이들이 더 큰 문제입니다. 남아 있는 아이들이 제대로 훈련이 안 되고 있습니다. 왜 훈련이 안 되는가? 일단은 한국교회가 목양시스템이 아니라서 그렇습니다. 현재 한국교회의 교사시스템은 관리체계입니다. 1년만 지나면 교사가 바뀝니다. 연말 만 되면 서로 좋은 반 맡으려고 혈안이 됩니다. 심지어 어떤 반은 1년에 교사가 4번 바뀐 반도 있습니다. 어떤 교사는 이사 가고, 중도하차 하고, 이 문제가 보통 심각한 것이 아닙니다. 그래서 10배 부흥 100배 변화를 위한 전략의 핵심이 교사입니다. 그러나 지금 교사들은 "기도·전도·양육· 심방" 이 4가지 훈련이 안 되어 있습니다.

　한국교회는 목양프로그램이 아니라 이벤트에 주력했습니다. 이것이 한국교회를 망쳐 놓았습니다. 목양교사훈련원에 오면 자료 있습니까? 무엇줍니까? 우리는 강습회 가면 자료

받고 그림 받아 써 먹고 그렇게 해 왔습니다. 그런데 이런 식의 강습회가 한국교회를 망쳐놓았습니다. 여러분 교사강습회 왜 가시죠? 프로그램 배우려고, 율동 배우고, 손유희 배우고, 몸 찬양 배우고, 와와, 매빅까지. 몸집이 큰 사람은 교사도 못 합니다.

'하나님은 네가 목회한 것처럼 교사를 만들라. 목양교사를 만들어라' 일반 교회는 미혼 교사가 많습니다. 왜요? 율동을 해야 하기 때문입니다. 그런데 미혼 교사가 5명을 넘으면 기적입니다. 그만큼 어렵습니다. 왜요? 영성이 딸려요. 목양영성이. 일반교회는 교사를 선발할 때 찬양 잘하고, 율동 잘하고, 유치원 교사출신, 어린이집 교사, 어린이 심리를 잘 아는 사람을 우선적으로 뽑습니다. 기본적인 소양은 필요하지만 그것으로 목양하는 게 아닙니다. 전략 면에서 너무나 잘못 된 부분이 많습니다.

우리는 율동을 자제시키고 박수를 치게 합니다. 왜냐하면 위로 갈수록 박수치지 율동은 거의 안 합니다. 위로 올려 보내는 연습을 하는 것입니다. 한국교회 주일학교는 자꾸 내려가는 교육입니다. 찬양팀이 율동하러 일어나세요 하면 일어나려니 피곤하고 앉아있자니 창피스럽고 믿음 없는 것 같고 짜증 납니다. 내면의 본질이 중요한 데 자꾸 겉으로 갈려고 합니다.

여러분이 4가지 전략을 하면 100명 할 수 있습니다. 재적

100명 넘어 갈 수 있습니다. 그런데 대개는 10명 안쪽에서 헤맵니다. 본래 4가지 전략으로 가야 합니다. 무슨 전략? 기도전략, 전도전략, 양육전략, 심방전략입니다. 문제는 교사들이 이 4가지를 전략으로 생각 안 하는데 있습니다. 4가지를 교회학교 부흥전략으로 생각 안 합니다.

여러분! 목사님들이 목회하시면서 늘 하시는 말씀이 무엇입니까? '기도밖에 없구나' 그러면 교사들이 100명 가려면 깨달아야 합니다. '기도밖에 없구나' '전도는 되든 안 되든 해야 되는 거구나' (내가 살기 위해서라도) 이걸 깨달으면 됩니다. '양육 안 하면 다 굶겨 죽이는 것이구나' 양육 안 하면 다 죽는구나. 자식이 굶주려 죽으면 부모가 배부르고 등 따뜻하겠습니까? 다같이 죽는 것입니다. 자식이 잘 커줘야 고생하는 부모도 힘이 나는거죠. 열심히 일해서 자식이 잘 커주면 고생이 고생이 아니잖아요. 그런데 자식이 병들고 쓰러지면 힘들고 피곤합니다. 양육을 해야 할 이유가 거기 있습니다. 그런데 양육이 전략이라고 생각 안 합니다. 그냥 양육은 양육이라. 더 중요한 전략은 심방입니다. 그런데 심방을 전략이라 생각 안 합니다.

목양교사사역의 핵심전략은 4가지입니다. 여러분! 10배 부흥을 원하시면 철저하게 기도, 전도, 양육, 심방을 계속 해야 합니다. "1일 1시간 기도, 1주일 1시간 전도, 한주에 1명 데리고 1:1 양육, 1주일 1회 재적생 모두를 만나는 심방" 4가지가 골고루 돌아가야 100명 감당하는 목양사역자가 됩니다. 심방 또는 전도 어느 하나만 잘하면 5~6명은 합니다. 기도 하루 1시간 꾸준히 하면 틀림없이 10명은 합니다. 그런데 기도만 해서는 안됩니다. 4가지가 동시에 돌아가야 합니다. 심방 하나만 빼먹어도 안됩니다. 양육도 빼먹으면 안됩니다. 전도도 빼먹으면 안됩니다. 4가지는 하루아침에 이루어지지 않습니다. 하지만 이게 전략이란 사실만은 알아야 합니다.

일반교회는 교사 세워놓고 기도 전도 양육 심방훈련을 시키지 않습니다. 전도사님에게 맡겨놓고 알아서 해라는 식입니다. 그러니 안 되는 것입니다. 계속 프로그램 가져다가 이거하자 저거하자. 하지만 교사들의 기도가 뒷받침이 안됩니다. 학교 앞 전도도 안 나갑니다. 양육은 아예 손들었습니다. 그리고 심방이 어디있습니까?

우리는 다른 프로그램이 없습니다. 그러나 하루 한 시간 기도하는 기도전문가, 전도전문가, 양육전문가, 심방전문가 만들면 그 교사가 100명합니다. 목양교사훈련은 4가지 전략을 체질화 시키는 제자훈련입니다.

목양교사의 기도 7계명

주제성구 : 예레미야 33장 2~3절.

일을 행하는 여호와, 그것을 지어 성취하는 여호와, 그 이름을 여호와라 하는 자가 이같이 이르노라. 너는 내게 부르짖으라 내가 네게 응답하겠고 네가 알지 못하는 크고 비밀한 일을 네게 보이리라

❶ 목양사역의 능력이다.

❷ 목양사역의 안식이다.

❸ 자기 신앙 관리의 지름길이다.

❹ 영적전쟁의 핵폭탄이다.

❺ 교회 부흥의 시작이다.

❻ 믿음으로 기도하라.

❼ 시간을 정해놓고 기도하라.

기도가 전략입니다

하나님이 우리에게 최초로 주신 복이 창세기 1장 28절입니다. 창세기 1장 28절은 목양영성입니다. 목양영성이 임하면 정복하고 다스리는 은혜가 임합니다. 문제는 하나님이 생육하고 번성하라는 목양의 영성입니다.

그런데 요한복음 21장 15-17절에서 "네가 나를 사랑하느냐?" 사랑한다 말했을 때 목양하라 그랬습니다.
예수님의 오직 관심은 (하나님도 마찬가지지만) 목양입니다.

그러므로 저와 여러분 속에 목양의 영성만 들어가면 어떤 환경에 있어도 정복의 역사가 나타날 줄 믿습니다. (할렐루야!)

그러면 목양의 영성이 들어가기 위해서는 우리가 어떻게 해야 합니까?

목양을 해야 합니다. 우리가 목양의 영성을 받아서 목양하는 것도 있지만 목양하면 그 영성이 더 깊어집니다. 목양할수록 그 영성이 깊어지는데 제가 보니 최소한 3년은 지나야 할 것 같습니다. 1년 된 분들은 과정에 불과합니다. 다 들어간 게 아닙니다. 제가 20년이 넘어 목사가 되었지만 목양의 더 깊은 영성으로 들어가야 하는 갈급함이 있습니다.

여러분! 우리가 죽는 그 날까지, 천국 가는 날까지 끊임없이 목양의 영성 속으로 들어가야 할 줄로 믿습니다.

우리는 목양의 영성이 임한 만큼 정복하고 다스릴 수가 있습니다. 여기 정복과 다스림은 영적인 것과 땅에 것 다 포함하는 것입니다.

여러분이 목양의 영성 속으로 들어갈 때 창세기 1장 28절에 감동이 와야 합니다. '생육하고 번성하여 땅에 충만하라. 땅을 다스리라'는 말씀이 내 마음에 감격스러워야 합니다. "세계를 정복하라는 말씀을 나에게 주셨구나!"

목양의 영성은 목양을 실제적으로 할 때 들어오지만 동시에 목양영성은 기름부으심이 필수적입니다. 목양의 기름부으심은 한 번 주어지고 끝나는 것이 아니라 시간시간 주어져야 합니다.

목양의 기름부으심이 끊임없이 일어나기 위해서는 어떻게 해야 합니까? 기도해야 합니다. 기도는 목양사역의 핵심입니다. 기도는 구원 받은 우리에게 주신 하나님의 특별한 은혜입니다. 우리는 기도의 전문가가 되어야 합니다. 일상에서 기도할 수 없을 정도로 피곤하면 모든 직장과 학업을 포기해야 합니다. 왜요? 우리가 해야 할 일 중에 기도가 가장 중요하기 때문입니다. 그런데 우리가 기도 못하는 이유 중에는 '피곤하다, 바쁘다.'가 있습니다. (누가 우리에게 그리하라 했습니까?) 깊이 생각해 보면 주님이 주신 축복으로 바쁜 게 아닙니다. 주님이 주신 은혜로 바쁜 게 아닙니다. 내 욕심 때문에 피곤하고 바쁜 경우가 많습니다. 주님이 주신만큼만 하면 피곤하지 않습니다. 도에 지나칠 정도로 욕망에 빠지니 피곤한 것입니다. 하나님의 비전 따라 가는 사람은 그렇게 피곤하지 않습니다. 그런데 대부분의 사람들은 분별하지 못합니다. 성도들 중에 거의 90%는 피곤해서 기도를 못합니다. 거의 다수는 너무 바빠서 기도를 못합니다.

여러분! 너무 바빠서 기도를 못하면 천당으로 데려갑니다. 계속 한가하라고.

여러분! 바빠서 기도 못하는 것은 마귀역사입니다. 마귀가 바쁘게 만드는 것입니다. 하나님이 바쁘게 만드는 게 아닙니다. 기도할 수 없을 정도의 나의 상황이라면 지금 다시 모든 것을 시작해야 합니다. 내가 기도할 수 없는 어떤 상황에서 기도를 잘 할 수 있는 시간표와 계획을 세우면 하나님이 축복하십니다.

둘 중에 하나를 선택해야 한다고 생각해 보세요.

나는 기도의 전문가가 되고 싶다가 한 편이고 아파트 100평 당첨이 또 다른 한 편입니다. 여러분은 어느 편을 선택하겠습니까? 그래도 나는 기도다. 왜? 기도응답 속에 아파트 100평이 있으니까? 우리가 기도할 수 있고 기도하는 자리에 있고 기도하는 은혜를 받으면서 사는 것을 엄청난 축복으로 생각하는 사람이 거의 없습니다. 기도의 어떤 결과가 있어야 복받았다고 생각하지 기도할 수 있는 은혜 자체를 복 받았다 생각하는 사람이 없습니다. 우리는 기도하는 그 자체가 복입니다. (아멘)

여러분! 꾸준히 하루 1시간씩 3년만 기도해보세요. 틀림없이 하나님의 축복을 경험하게 될 것입니다. 1주일이 멀다하고 기도하다가 말다하니까 갈등이 많습니다. 기도가 얼마나 중요한지 깨달아야 합니다.

묻습니다.
여러분! 정말 기도를 잘하고 싶습니까?
여러분! 정말 기도전문가가 되고 싶습니까?
기도의 7계명 하나하나를 꼼꼼히 살펴 기도를 잘 사용하시고 그 축복을 누리시기를 바랍니다.

1. 기도는 목양사역의 능력이다.

여러분! 능력 있는 사역자가 되고 싶습니까? 기도해야 합니다.

능력이 떨어진 사역자를 보면 알 수 있습니다. 내게 능력이 나타나는 여부를 본인이 가장 잘 압니다. 능력 떨어진 사역이 얼마나 안타깝고 힘들고 어렵습니까? 사역자가 능력이 떠나면 나 자신만 죽는 것이 아니라 양떼를 죽이는 결과가 옵니다. 그래서 주님은 "오직 너희에게 성령이 임하시면 너희가 권능을 받고"(사도행전 1:8). 너희가 먼저 권능을 받고 예루살렘, 온 유대, 사마리아와 땅끝까지 이르러 내 증인이 되라 했습니다. 권능을 받지 않고 사역할 수 없습니다. 능력 없이는 사역할 수 없습니다. 왜요? 우리의 사역은 영적인 일이니까요.

요한복음 14장 14절 따라합시다. "내 이름으로 무엇이든지 내게 구하면 내가 시행하리라"

여기에서 나는 예수님입니다. 시행하겠다는 말은 움직이겠다. 여러분이 기도하는 소리를 듣고 주님이 움직이시겠다는 것입니다. 여러분이 기도하는 소리를 듣고 주님이 시행하신다는 것입니다.

내 이름으로 무엇이든지 구하면 내가 시행하리라 했습니다.

주님이 하셔야 할 일이 있습니다. 여러분이 사역하려고 하지 마세요. 주님이 시행하시도록. 주님이 움직이시도록 우리는 기도해야 합니다. 기도할 때 주님이 일을 시행하시고 능력이 나타납니다.

우리 스스로 해서 일이 안됩니다. 우리는 기도할 뿐입니다. 성경을 보면 능력사역을 했던 사람은 한결같이 기도하는 사람들이었습니다. 사도행전 3장에 베드로, 사도행전 16장에 바울도 그러했습니다. 사도행전 6장에 사도들은 "기도하고 말씀 전하는 일에 전무하리라"(7절) 했습니다.

여러분이 목양사역자라면 이 두 가지 일에 전무하셔야 합니다. 기도하는 일과 말씀 전하는 일. 그런데 많은 사역자들이 다른 일에 너무 많은 힘을 쏟고 있습니다. 사역자들이 감당할 일이 너무 많아 다른데 너무 많은 신경을 쓰고 있습니다. 초대 예루살렘교회의 사도들은 재정도 처리하고 구제도 해야 하고 너무 많은 일을 감당하므로 교회문제가 발생했습니다. 그 때 깨달은 게 있습니다. '목양사역자는 기도와 말씀 전하는 일에 전무해야 되는구나'

여러분! 여러분은 기도에 전문가가 되셔야 합니다.

목양사역에 능력이 나타나야 하는데 기도할 때 능력이 나타납니다. 기도한 만큼 능력이 나타납니다.

저도 준비기도를 하다보면 30분쯤 기도하면 내 머리와 입술에 능력이 임했는지 안 임했는지를 알 수 있습니다. 내 머리와 입술에 성령님이 기름부었는지 아닌지를 알 수 있습니다. 그런데 '오늘은 능력이 임하지 않았으니 강단을 내려가겠습니다.' 라고 말 할 수 없습니다. 그 날은 정말 힘이듭니다. 횡설수설합니다. 하지만 성령의 기름부으심이 있으면 아무리 많이 모여도 두렵지 않습니다. 아무리 나를 째려보고 앉아 있는 사람이 있어도 두렵지 않습니다. 그런데 능력이 임하지 않을때는 누가 째려보면 겁이 덜컥납니다. (아유 무서워라) 어떤 사람이 고개를 푹 쳐박고 있으면 능력이 임하지 않았을 때는 온갖 생각이 다 듭니다. 그러나 능력이 임하면 그 사람의 머리로 메시지를 콱 집어 넣어버립니다. 눈으로 안들어 가는 사람은 머리로 집어넣어 버립니다. 능력이 임했을 때는 그게 믿어집니다. 그런데 능력이 안 임하면 '고개 드세요' 라고 말 합니다. 제가 그럴 때는 능력이 떨어진 때입니다. 우리 교회에서는 자주 그럽니다.

내게 기름부으심이 임하면 고개를 처박고 있든 꼿꼿이 세우든지 상관이 전혀 없습니다. 따발총 쏘듯이 쏘아댑니다. 눈 뜬 사람은 눈으로, 고개 쳐 박은 사람은 머리로 뚫고 들어갑니다. (예. 졸고 있는 사람은 옆으로 뚫고 들어가구요) 그런데 '여러분! 왜 졸고 있습니까?' 할 때는 은혜가 떨어진 상태입니다. 은혜가 충만할 때에는 그냥 막 쏟아 붓는 거예요. 얼마나 힘이 드는데요. 따발총 쏘는 게. 그러니까 능력이 임했는지 안 임했는지 나 자신이 압니다. 능력이 임하지 않았을 때는 설교가 약간 헛소리 한다는 것을. 그러면서도 어쩔 수 없이 해야 하는 상황이 있습니다. 성령의 능력이 임했을 때 말씀의 능력이 들어가고 역사하는 게 영적으로 눈에 보여지기 시작합니다.

여러분이 목양교사로서 능력이 나타나야 할 줄로 믿습니다. 그러기 위해서는 기도해야 합니다. 하루에 최소한 1시간 이상 기도해야 사역에 능력이 나타납니다. 그리고 주일은 30분 이상 기도하고 시작해야 능력이 나타납니다. 기도 전혀 안하고 주일을 시작해보세요. 능력이 안 나타나게 되어 있습니다.

우리 목양교사사역의 장점이 무엇입니까? 주일 오전 7시 40분에 모여서 20~30분간 기도하는 것입니다. 우리 예환꿈 교회도 하는 사람이 있고 안 하는 사람도 있습니다. 그런데 차이가 있습니다. 기도로 시작하는 사람과 기도 안하고 시작하는 사람은 차이가 있습니다. 단순히 모이는 숫자의 차이가 아닙니다. 오후 시간에 보면 확연한 차이가 납니다. 기도하며 능력으로 하루를 시작한 사람은 3부 (3시예배) 끝난 후에도 보면 피곤하지 않습니다. 그런데 그냥 시작한 사람은 11시 예배 때부터 흐물흐물 하고 있습니다. 예배시간에 꾸벅꾸벅 졸고 있습니다. 그러므로 조금 피곤해도 하루 사역을 기도로 시작해야 합니다.

여러분! 주일이라 기도 안 해도 봐준다. 그런 법이 세상 어디에 있습니까? 주일, 사역하는 날 더 많이 기도해야 합니다. 주일, 저는 혼자 기도회 장소에서 마이크 잡고 기도합니다. 따라오는 사람이 기도의 불을 붙여야 하는데 가만히 기도합니다. 담임목사가 따발총 기도하는데 혼자 조용히 묵상 기도하는 교사들은 심장이 배 밖으로 튀어 나온 사람입니다. 목사가 부르짖으면 '와~!' 하고 고함이라도 질러야 하는데. 가끔 보면 아직 목양을 이해 못한 사람이 있습니다. 목양 잘하는 사역자들은 어떻게 기도하느냐 많이 모였을 때는 "주여! 주여!" 그것만 하고 있어도 됩니다. 그 옆에 사람이 '알았습니다. 나요' 하면서 깜짝 놀라 기도합니다. 어디서 눈을 감고 조용히 부처처럼 앉아 있습니까? 목양을 모르는 사람입니다.

두 사람 보다 네 사람이 기도하면 더 힘이 있습니다.

네 사람 보다 여덟 사람이 기도하면 더 큰 힘이 있습니다.

가끔 어떤 때는 기도하다가 마이크로 한 대 쥐어박고 싶은 사람이 있습니다. 진짜. 여러분! 한 번 해보세요. 반 아이들하고 '기도하자' 그러는데 10명 앉혀놓고 '통성기도하자' 했는데 아무도 기도 안하고 엎어져 있어보세요. 얼마나 속이 타고 답답합니까? 그런데 한 아이가 "아버지!"하고 기도하면 여러분 그 한 명 때문에 힘을 받지요. 여러분! 그런 사람을 사역자라 합니다. 여러분이 기도의 힘을 주는 사역자가 되시기를 축원합니다.

찬양인도자도 앞에서 힘있게 따라해 주는 사람 때문에 힘있게 찬양인도 하는 거예요. 원래 찬양을 은혜롭게 하는 사람이 맨 앞자리에 앉아야 합니다. 제일 앞에는 미친듯이 찬양하는 사람이 있어야 합니다. 그 사람만 보고 하면 됩니다. 뒤에는 졸든 주무시든 상관 안하고.

기도의 동역자가 되시기를 바랍니다. 타이밍을 잘 맞춰야 합니다. 어떤 사람은 기도회 다 마치고 돌아가는 시간인데 앉아서 '나요, 나요' 하고 있습니다. 기도는 함께 할 때 더 큰 능력이 나타납니다. 부르짖자 할 때는 그냥 사정보지 않고 기도하는 거예요. 나중에 한 번 합시다. 사정없이 기도할 때 은혜가 전달되잖아요. 어떤 때는 은혜가 잘 전달되다가 한 사람 때문에 꺽이는 경우가 있습니다. 여러분이 그런 사람 되면 되겠습니까?

기도할 때 통성으로 크게 부르짖어 기도하면 더 큰 능력이 임하는 것 같습니다. 특히 새벽에 피곤한데 뒤에서 굵직한 목소리로 "아버지!"하면 힘이 납니다. 여러분! 새벽에는 복잡하게 말 많이 할 필요가 없습니다. "아버지!" 몇 번만 하면 30분이 금방 지나갑니다. 무얼 그렇게 힘주어서 "주~여!" "따따따따" 뒤돌아보니까 사람들이 다 집에 가고 형체도 없습니다. 기도의 양을 이야기 하는 것입니다.

　기도할 때는 가는 기도하지 마시고 굵고 힘있게 "주~여!"

　한 번 따라 합시다. "주여!" (배에 힘주고) 좀 힘있게 하세요. "주여!"

　지금 그 기도는 배에 힘을 안주면 안됩니다. 목가지고 기도해서는 안되게 되어 있습니다. 배에서 힘을 주고 "주~여!" 배에다 힘을 주고 한 번 해봅시다. "주~여!"

　기도가 능력입니다. 여러분 나름대로 기도에 재미를 붙여야 합니다. 여러분이 기도의 능력 속으로 들어가려면 기도가 피곤하다가 아니고 기도에 나름대로 재미를 붙여야 합니다. 기도의 재미. 기도하다가 찬양도 하나하고 기도에 재미를 붙여야 더 깊은 기도의 세계로 들어가고 그 능력이 나타납니다. '기도는 힘든데. 오늘도 새벽기도가면 잠 올건데, 기도하고 나면 하루 종일 잠 올건데' 내일 새벽기도 걱정을 미리 가불해서 합니다. 내일 새벽기도하면 하루 종일 머리가 아플거야. 새벽기도도 안하면서 그 전날부터 머리 싸매고 고민합니다. 그리고 기도이야기만 나오면 온 몸에 소름이 쫙 끼치면서 왠지 싫은거라. 이 사람은 목양사역자가 아닙니다.

최소한 우리 목양사역자들은 기도세미나 가면 도전 받습니다. "아버지! 기도의 은사, 능력" 우리 목회자들은 '주여!' 40일까지는 안해도 39일은 하려고 몸부림 칩니다. 목회자들은 기본적으로 기도의 중요성을 알고 있습니다. 그 분이 겸손한 사람입니다.

기도는 능력입니다.

능력의 사역자가 되시기 바랍니다.

기도하는 만큼 능력이 나타납니다. 하루에 1시간씩 꾸준히 기도해 보세요. 때가되면 역사가 일어납니다.

따라합시다. "주여! 주여!. 기도의 은혜를 주시옵소서"

기도의 은혜. 그 은혜가 사역에 중요합니다.

2. 기도는 목양사역의 안식이다.

앞에서 묵상기도하면서 교사 여러분을 생각하니 '고생 많이 할텐데. 아이들 때문에 상처 받았을텐데. 주일 온다 해놓고 안 온 인간부터. 막상 교회와서 이상한 행동한 아이까지. 어제 피자 얻어먹고 예배에는 나타나지도 않고. 어떤 아이는 심방 가서 데려오라 하니까 앞 교회 가버렸어요. 리더로 양육해서 5명을 맡겼더니 5명을 데리고 앞 교회 가버렸어요' 엉뚱한데 가서 간식 얻어 먹고 속상하죠. 그런데 그게 목양이에요. 그랬을지라도 (주일) 밤에는 모든 걸 털어버려야 합니다.

할렐루야! 밤에는 모든 걸 새롭게 시작하셔야 합니다.

여러분! 안식이 필요합니다.

우리 목회자가 주일 밤마다 안식이 없으면 미쳐 버립니다. 그래서 우리는 통닭 한 마리 뜯으며 안식합니다. 때로는 통닭을 뜯으면서도 이 집사 박 집사 별생각이 다 듭니다. 안식이 필요합니다. 목양에 안식이 필요합니다.

여러분! 주일 저녁 그날 어떤 일이 일어났어도 안식이 있어야 합니다. 정말입니다. 그래야 내일부터 힘을 얻고 한 주간에 그들을 만날 수 있습니다. 그런데 계속 마귀는 목양에 안식을 못하도록 방해합니다. 목회자들도 목양을 잘하시는 분들은 안식을 잘하십니다. 목회자들이 만나면 아주 호탕하게 웃으시고 속이야 어떻든 맛나게 잡수시고 잘 노십니다. 그런데 목양을 잘못하는 옛날 저 같은 경우는 항상 모임에 가면 넥타이 매고 거룩하지 않은 게 성경 끼고 다니고 불안해서. 혹시라도 은혜 떨어질까봐. 이건 안식이 아닙니다. 지금 생각해보면 안식을 잘 몰랐습니다.

어떤 목사님이 말씀하시기를 1주일에 하루는 목회를 생각하지 말아야 한대요. 목회를 잘하려면. 그런데 우리는 밥 먹으면서도 목회를 생각하고 부부 가족끼리 같이 앉아서 맛있는 걸 먹으면서도 목회현장을 생각합니다. 안식이 만만치 않습니다. 기도 할 때만 안식이 가능합니다. 기도 안하면 안식하고 싶어도 안됩니다.

마가복음 1장 35절에 '새벽 오히려 미명에 조용한 곳에 가서서 예수님은 기도하셨습니다.' 예수님은 하루의 시작을 기도와 안식으로 문을 여셨습니다. 그 전날 피곤하게 많은 일을 하셨지만 새벽기도를 통해서 참된 안식을 누리셨습니다.

빌립보서 4장 6-7절에 "아무것도 염려하지 말고 오직 모든 일에 기도와 간구로 너희 구할 것을 감사함으로 하나님께 아뢰라. 그리하면 모든 지각에 뛰어난 하나님의 평강이 그리스도 예수 안에서 너희 마음과 생각을 지키시리라" (할렐루야!)

우리가 하나님께 기도하고 간구하면 그리스도 예수 안에서 하나님의 평강이 나의 마음과 생각을 지켜 주십니다. 오늘밤 한 가지만 축복한다면 무엇이 좋겠습니까? 평강. 다른 것은 필요없어요. 평강만 있으면 좋겠습니다. 천국가는 그날까지 평강만 떠나지 않았으면 좋겠어요.

저와 여러분이 염려거리 문제거리 목양의 문제를 가지고 기도하면 하나님이 안식을 주십니다.

기도한만큼 목양의 안식이 옵니다. 마음이 복잡하다가도 새벽에 기도하고 저녁에 기도하면 갑자기 입에서 찬양이 터져 나옵니다. 나의 목양사역이 복잡합니다. 아이를 부모가 교회 안 보내려 하고 갑자기 반 아이들에게 문제가 생겼어요. 5명이 집단적으로 교회 안 온다고 합니다. 이런 일들이 생겼을 때 마음에 얼마나 염려와 걱정이 많아요. 그리고 사업 가정 직장에 문제가 생깁니다. 사역 보다 주변환경이 우리를 사로 잡습니다. 목회자도 설교하고 전도하는 것 못지 않게 가정, 물질문제가 많습니다. 목회자 가정도 여러분 가정과 똑같습니다. 물질문제, 자녀기도제목, 환경적인 문제가 있습니다. 우리 목회자도 기도 안하면 거기 사로잡혀서 다른 일을 할 수가 없습니다.

안식이 있어야 분별력이 생기고, 평안하고, 상대방을 편안하게 해 줄수가 있습니다. 내가 안식하지 못하는 사람이라면 누구를 편안하게 할 것입니까? 내가 안식해야 다른 사람에게 안식을 줄 수 있잖습니까. 내가 평안해야 다른 사람에게 평안을 줄 수 있잖습니까. 여러분이 평안하시기를 주의 이름으로 축복합니다.

언제 평안합니까? 기도할 때입니다.

사도행전 16장 25절에 '밤중쯤 되어 바울과 실라가 기도하고 하나님을 찬미했다.'고 했습니다. 빌립보 감옥에서 바울과 실라는 기도하고 하나님을 찬미했습니다. 하나님은 그들에게 안식을 주셨습니다. 바울과 실라가 감옥에서 왜 기도했을까요? 두려워서. 그들도 인간인지라 왜 두렵지 않았겠습니까? 감옥에서 얼마나 두렵고 떨렸겠습니까? 그러나 그들은 알았습니다. 기도하면 감옥에서 안식이 온다는 사실을. 여러분 기

도는 안식을 가져다줍니다. 우리는 찬양합니다. '기도는 우리
의 안식 빛으로 인도하니 앞이 캄캄할 때 기도 잊지마세요'
　목회해보니까 정말 불안한 일이 많습니다. '저 성도 눈빛을
보니 곧 떠날 것 같고, 저 성도는 시험에 들어 이상한 일 저지
를 것 같고' 목회구석구석에 불안한 요소가 많습니다. 목회자
가 기도 안하면 잠시 잠깐이라도 평안이 없습니다. 영적전쟁
이 온 구석구석에서 지금 일어나고 있는데 어찌 인간의 힘으
로 안식하겠습니까? 하나님이 모든 것을 책임진다는 믿음과
하나님이 위로부터 내려주시는 안식과 평화가 임해야 진정
우리는 사역에 승리할 줄로 믿습니다.

　'평화 평화로다. 하늘 위에서 내려오네. 그 사랑의 물결이
영원토록 내 영혼을 덮으소서' 얼마나 때로는 토요일 밤이 불
안한지. 목회하는 중에 토요일 어떤 사건이 터진 이야기를 들
었습니다. 내일 주일날 사고가 뻥 터질 것 같아요. 얼마나 불
안한지. 목회하다 보면 가끔씩 그런 일이 일어날 때가 많습니
다. 그래도 강단에 서야 하잖아요. 내게 평안과 안식이 없이
는 그 분위기가 나타나지 않습니다. 그때마다 밤새워 기도하
며 찬양할 때 하나님이 평안한 안식을 줄 때가 많이 있습니다.
　안식이 우리 마음의 상처를 치유합니다. 안식은 환경의 어
두움을 물리칠 수 있습니다. 안식은 우리 마음에 서둘지 않게
만들어 줍니다. 안식이 있어야 합니다. 그래서 제일 먼저 기
도할 때 주시는 은혜는 우리의 생각과 마음을 평강으로 지켜

주는 것입니다. 여러분! 굉장히 복잡한 문제를 놓고 기도해보세요. 생각과 마음이 평안하면 응답입니다. 주일예배 안 나온 아이가 있습니다. 그 아이를 위해 기도했습니다. 걱정이 안되고 마음이 편안합니다. 그 아이는 다음 주일에 올 것입니다. 걱정하지 마세요. 다음 주에 나타날 줄로 믿습니다. 부모님이 극심하게 반대합니까? 교회오기로 했는데 안 보내줬습니까? 여러분 기도해서 마음이 평안하면 기다리십시오. 다음 주에 틀림없이 올 줄로 믿습니다. 그래야 우리는 서둘지 않고 하나님의 뜻을 이룰 수 있게 됩니다. 기도하는 자에게 안식이 있을 줄로 믿습니다.

3. 기도는 자기 신앙관리의 지름길이다.

여러분! 신앙생활에 제일 어려운 게 무엇입니까? 제일 어려운 게 기도, 전도, 양육, 심방. 마지막 자기 신앙관리. 5가지 중에 사실은 제일 어려운 게 자기신앙관리입니다. 자기 신앙관리만 잘되면 사역은 성공하게 되어 있습니다. 가장 힘든게 나를 다스리는 것입니다. 그래서 사도바울은 고린도서에서 말했습니다. 자기를 쳐서 복종하도록 만든다고. 왜죠? 하나님께 쓰임 받고 결국은 버림 받을까봐서. 여러분! 하나님은 버리기도 하십니다. 사역자들을 쓰시다가 버리기도 하십니다. 한 번 사역자가 평생 간다고 믿지 마세요. 하나님은 구원은 없애지 않지만 하나님의 일꾼으로 쓰시다가 버릴 수는 있습니다.

요즘 제 기도제목은 "주여! 나를 목양사역에서 버리지 말아 주옵소서"입니다. 왜냐하면 '내가 잘못하면 나를 버릴 것 같아서. 버리지 말아 주옵소서. 나를 깨닫게 하소서. 나를 버리지 말아 주옵소서' 그러기 위해서는 신앙관리를 내가 잘 해야 합니다.

베드로전서 4장 7절에 "만물의 마지막이 가까웠으니 그러므로 너희는 정신을 차리고 근신하여 깨어 기도하라" 했습니다. 여러분! 정신차려야 합니다. 깨어 있어야 합니다. 자기 신앙관리를 잘 해야 합니다. 마지막 때 자기 신앙관리를 잘 해야 합니다. 영혼이 잘되면 범사가 잘 되게 되어 있습니다. 여러분이 자기 신앙관리를 잘하면 사역은 잘되게 되어 있습니다.

찬양할 때 찬양이 나오고 기도할 때 기도가 되어지고 감사할 때 감사가 되어지고 기뻐할 때 기뻐하고 웃는 일에 웃음이 나오려면 자기 신앙관리를 잘해야 합니다. 웃을 일에 웃음이 안나오고 기도하자는데 기도가 안되고 감사할 일에 감사가 안나오면 신앙생활에 문제가 발생한 것입니다. 자기 신앙관리가 잘되면 자연스럽게 됩니다.

마태복음 26장 41절에 "시험에 들지 않게 깨어있어 기도하라"했습니다. 여러분 기도 안 하면 자기 신앙관리가 안됩니다. 안타까운 사실은 목양교사가 100명 넘고 200명 넘어가는 사람 중에 자기 신앙관리가 안 돼서 넘어진 사람이 많습니다. 얼마나 안타까운지 모릅니다. 혈기부리고 조급하고 욕심내고 기도 안 하는 것. 기도하면 자기 신앙관리가 됩니다. 자기를 조절할 줄 알고 관리하면 틀림없이 사역은 잘되게 되어 있습니다.

저도 목회하면서 제 자신을 관리하지 못하여 넘어진 적이 있습니다. 그 때 2-3명 성도를 불러놓고 사건의 진상을 안 따졌어야 하는데. 제가 열 받아가지고 '이리 와보세요. 누구 말이 옳은지 따져봅시다.' 사실은 이렇게 하면 안 되거든요. 다 사람 말이 틀리니까. 결국은 목사가 욕을 듣도록 되어 있습니다. 나 자신이 관리가 잘 안되니까 흥분하고 격분하여. 그래도 기도하며 '주여! 나는 죽었습니다.' 해야 하는데. 기도 안 하고 관리가 안 되니까 '나요' 하고 나서서 '저걸 죽여야 하는데' 진상을 밝혀 공개재판을 해가지고 처단해야지. 이런 마음이 어느 순간에 오는 거예요. 기도 안 하니까. 내 자신이 관리가 안 되니까.

그렇게 해서 한 번 넘어지면 타격이 아주 큽니다. 교인들은 20~30년은 갖고 갑니다. '옛~날 우리 목사님' (자꾸 그럽니다). 한 번 그런 일이 있으면 마귀는 계속해서 우리를 걸고넘어집니다. 여러분! 넘어지고 회개하지 마시고 자기 관리를 잘

하셔야 합니다.

어떤 분은 그럽니다. 목사님 나는 넘어지고 뒤끝은 없습니다. 그 분은 뒤끝이 없어도 마귀가 자꾸 공격합니다. 내가 뒤끝이 없는 것이 문제가 아니고 마귀가 자꾸 공격합니다. 우리가 관리가 안 되면. 우리는 넘어지기 이전에 자기관리를 잘해야 합니다. 나를 관리 잘하면 안 넘어지게 되어 있습니다. 자신의 신앙관리를 잘하려면 기도해야 합니다.

다니엘 6장 10절 다니엘이 지금 사자굴에 들어가는 고난이 왔습니다. 그 때 다니엘은 여전히 예루살렘을 향하여 열린 창에서 전에 하던 대로 하루 세 번씩 무릎을 꿇고 감사하면서 기도했습니다. 다니엘은 무엇을 잘한 사람입니까? 자기 신앙관리를 잘한 사람입니다. 그래서 그는 결국 사자굴에 들어갔지만 거기서 살아나왔습니다. 여러분 신앙관리를 잘하셔야 합니다.

신앙관리 잘 안되는 사람은 주일날 얼굴 보면 압니다. 주일 아침 어디서 한 잔 한 사람처럼 얼굴이 울그락 불그락 합니다. 성령충만한 얼굴이 아니고 열 받아가지고. 기도 안하면 우리 관리가 안됩니다. 얼마나 우리가 못됐는지요. 우리 속에 나쁜게 많이 들어있어요. 기도로 눌러야 합니다.

바울은 뭐라고 합니까? 나는 날마다 죽노라. 그 말은 하루만 지나면 바울은 '나요' 하면서 교만이 고개를 쳐들고 올라오더라는 것입니다. 그래서 바울은 자기를 관리하느라 날마다 자기를 죽이는 것입니다. '오늘도 죽이고, 내일도 죽이고, 모래도 죽이고' 능력을 많이 나타낸 바울은 자기관리를 잘한 사람입니다. 하나님이 육체의 가시를 바울에게 주었습니다. 자기관리 잘하라고. 여러분! 사역 잘하시는 분들 중에 기도제목이 있다면 감사하세요. 하나님이 자기관리 잘하라고 주신 선물입니다. 특별보너스입니다. 혹시 나는 특별보너스 받았다 하는 사람 있으면 아멘 해보세요. 감사하세요. 특별 보너스에 감사드리면 특별 보너스가 그 때부터 달리 보이기 시작합니다. 그게 남편문제일 수 있고 가정문제일 수 있고 물질문제이거나 자녀문제일 수 있습니다. 내 사역에 어떤 문제일 수도 있습니다. 기도하면 내 신앙관리 잘하게 될 줄로 믿습니다.

하루에 1시간 이상씩 꾸준히 기도 안하면 자기관리는 안됩니다. 자기 신앙관리가 안된 사람은 가끔보면 무섭습니다. 하나님이 앞에 있는지 목사가 앞에 있는지 몰라요. 어떤 사람은 목사가 앞에 있는데 자기들끼리 막 싸워요. 관리가 안되니까 목사고 뭐고 없어요. 부모 앞이라고 안그러겠습니까? 관리가 안되는데. 우리는 자신을 믿으면 안됩니다. 절대로 여러분 자신을 믿지 마세요. 우리는 신념으로 살면 안됩니다. 신앙으로 살아야 합니다. 하나님을 믿으셔야 합니다. 하나님을 믿어야 내 관리가 됩니다. '나는 성격이 좋고' 제발 그런 소리 하지 마세요. 성격 좋은 사람 아무도 없습니다. 은혜 떨어지면 다 나쁘게 되어 있습니다. 표현을 안해서 그렇지 속으로 꽁하는 사람이 있고요. 밖으로 말 안하니까 그렇지 그 속은 터집니다. 다 끌어 안고 있다가 한꺼번에 퍽하고 터트리잖아요. 사실 그런 사람이 무섭습니다. 그때 그때 말하는 사람이 그래도 괜찮습니다. 우리 자신은 할 수 없습니다. 기도해서 하나님의 은혜로, 십자가의 보혈로, 하나님의 사랑으로 자기관리를 해야 합니다.

야고보서에서는 뭐라합니까? 믿음 이야기를 하면서 누구를 먼저 돌아보라 합니까? 자기를 먼저 돌아보라 했습니다. 자신을 돌아보고 고아를 돌아보고 이웃 친구도 돌아보는 거예요. 여러분을 돌아 볼 줄 알아야 합니다. 나를 돌아보는 거울을 하나님의 말씀이라 했습니다. 기도와 말씀 속으로 들어가야 나 자신이 보입니다. 여러분이 말씀의 거울 기도의 밝은 세계에 들어가면 내 모든 게 보이잖아요. 그러면 자기관리가 되잖아요. 여러분! 기도해야 자기 신앙관리가 될 줄 믿습니다.

4. 기도는 영적전쟁의 핵폭탄이다.

온 나라가 지금 핵 때문에 난리입니다. 기도는 핵폭탄입니다. 영적전쟁의 핵폭탄입니다. 기도하면 누가 무서워할까요?

마귀가 벌벌 떱니다. 우상의 도시에 기도의 핵폭탄을 터트려야 할 줄로 믿습니다. 기도의 핵폭탄을 터트려 모든 우상을 끝내버려야 합니다.

에베소서 6장 18절에 영적전쟁에 모든 기도와 간구로 하라고 했습니다. 기도해야 귀신이 떠납니다.

사도행전 12장 5절에 베드로는 옥에 갇혀 죽을 날을 기다리는데 예루살렘교회가 간절히 기도했더니 베드로는 기적의 역사로 살아나오고 헤롯은 충이 먹어 죽게 되었습니다. 여러분! 기도하면 벌레 한 마리가 사람을 죽여 버립니다. 그 말은 내가 기도하면 생각지 못한 환경 속에서 기적이 일어납니다. 기도하면 사단이 꺽입니다. 그래서 사단 마귀는 우리의 기도를 무서워합니다.

야고보서 4장 7절에 마귀를 대적하라. 그리하면 너희를 피하리라. 여러분! 우리가 기도할 때 사단은 꺽일 줄로 믿습니다. 기도하는 자가 마귀를 이깁니다. 기도하는 자를 마귀는 무서워합니다. 기도하는 교회는 사단이 역사 못합니다. 우리도 명절 주간에 기도를 좀 쉬었습니다. 지금 생각하니까 쉬지 말아야 했는데 쉬었습니다. 기도 한 주간 쉬고 제가 거반 죽는 줄 알았습니다. 교회에 기도가 안 쌓이니까 주일 강대상에 섰는데 너무 힘들었습니다. 설교 한편하고 제가 지쳐가지고.

그 때 느낀 게 있습니다. 기도가 쌓이고 안 쌓였을 때 영적분위기가 얼마나 차이가 나는지.

명절 한 주간 마음껏 쉬었습니다. 새벽기도를 한 번도 안 나갔어요. 내 평생 새벽기도 안 나간 것은 이번이 처음입니다. 너무 질서 따라 살아온터라 한 주간 무질서하게 살아보자. 그런데 안 좋더라구요. 그래도 새벽기도는 하고 쉬는 게 좋은 것 같습니다. 제가 1주일 보내고 느낀 게 '맞다. 새벽기도는 해야 되겠다. 새벽마다 몇 명이 기도하는 소리가 본당에서 들리더라구요. 새벽은 자유롭게 하도록 했습니다. 저는 낮에만 간간이 기도했습니다. 기도는 했지만 보통 때보다 1/10 밖에 안 했습니다. 교회가 영적으로 힘을 잃어버리데요. 주일날 뭔가 힘이 떨어지는 것을 느꼈어요. 영적으로 굉장히 힘들었습니다.

여러분! 기도하면 사단이 떠날 줄로 믿습니다.

여러분! 기도하면 마귀가 떠날 줄로 믿습니다.

제가 개척초반에 아내하고 지하실에서 기도하면 가위 손 같은 것이 나옵니다. 손이 쭉 길어져서 나옵니다. 섬짓하고 뭔가 끌어당기는 것 같습니다. 그러다 눈을 싹 돌려보면 아무것도 없습니다. 다시 눈을 돌리면 '내 손' 하며 나타납니다. 개척 초반 기도하면서 그랬습니다. 그 때 하나 깨닫게 하시대요. '이걸 꺽어야 한다. 이 영적 분위기를 꺽어 누가 와도 편안한 분위기를 만들어야 한다.' 기도를 쌓아놓은 교회는 사단이 떠났기 때문에 누구든지 오면 눈물이 나고 편안합니다. 그러나 기도 안 쌓인 곳에 가면 '내 손' 하면서 나타납니다. 기도 안 쌓인 곳에 가면 기도할려고 눈 감으면 기도가 안됩니다. 그런데 기도 쌓인 교회가서 기도하려고 눈 감으면 벌써 마음이 찡. 가슴이 찡. 눈물이 핑 돕니다.

웃는 사람은 경험이 있어서 웃습니다. 저 사람들은 모태신앙이 아닙니다. 중간에 어찌어찌해서 얻어맞고 구원 받은 사람들입니다. 지금 모태신앙들은 무슨 말인지 모르잖아요. 1, 2, 3개월 아내와 기도하니까 기도하는 사람을 보내시데요. 그래서 평안해졌습니다. 그 때 느낀 게 하나 있습니다. 나 혼자 기도할 때는 정말 무섭더라고요. 그런데 어린 아이라도 한 명 같이 있고 집사님이라도 한 명 같이 있으니까 전혀 두려움이 없었습니다. '아 이래서 예수님도 산기도에 함께 움직이는 이유가 있구나' 여러분! 기도는 연합해야 될 줄 믿습니다. 겟세마네 연합기도, 새벽연합기도, 가족끼리 연합기도. 두 세 사람이 내 이름으로 함께 구하면 내가 이루어주겠다 하셨습니다. 핵폭탄은 연합할 때 그 위력이 커집니다. 목양교사가 연합하여 기도하면 그 위력이 핵폭탄 보다 더 대단할 줄로 믿습니다.

5. 기도는 부흥의 시작이다.

여러분! 다른 것은 다 못해도 기도는 많이 하세요. 왜? 기도하면 부흥이 일어납니다. 기도하는 숫자만큼 부흥이 일어나게 되어 있습니다. 기도하는 사람이 많은 만큼 부흥이 일어나게 되어 있습니다.

새벽기도에 10명 참석하는 교회는 교인이 100명 출석합니다. 새벽기도가 50명이면 곧 500명 됩니다. 새벽기도 하는 교인이 100명이면 곧 1000명 됩니다. 이게 기도가 부흥의 시작이라는 말입니다. 그러므로 여러분이 새벽기도와 저녁기도에 열정적으로 뛰어들어야 합니다. 다른 것은 못해도 기도모임에 참석해주셔야 합니다. 그게 교회부흥을 돕는 길입니다.

목양교사들은 기도해야 부흥이 시작됩니다. 기도할 때 부흥이 일어납니다. 사도행전 1, 10, 12, 13장 등. 사도행전 전체가 기도로 시작된 부흥을 이야기하고 있습니다. 여러분 교회에 기도부흥이 일어나기 바랍니다.

저는 우리 교회도 기도가 조금 부족하다고 생각합니다. 사역에 비하면 부족합니다. 우리 교회만 생각하면 그만하면 괜찮지만 전국적으로 사역하니까 부족합니다. 우리 교회는 2-3세 짜리도 나와 새벽기도 해야 될 교회입니다. 아니 뱃속의 아이들까지 데리고 나와 기도시켜야 돼요. 진짜. 우리 교회는 다른 교회에 비해 기도가 훨씬 더 많이 필요한 교회입니다. 일반교회도 겟세마네기도회는 어린아이부터 어른까지 사람 같이 생긴 것은 다 끌고 오셔야 합니다. 끌고 오는 게 중요합니다. 숫자가 중요합니다. 둘 보다는 2백이 중요합니다. 매일 밤 본당이 꽉차서 겟세마네기도회를 했다고 생각해 보세요. 이 교회는 금방 만명이 되죠. 불가능 하지 않습니다. 리더, 목양교사, 학생들이 오면 가능해집니다.

우리 목양사역이 부흥하려면 겟세마네기도회부터 부흥해야 될 줄로 믿습니다. 기도회에 나와서 헌신하면 여러분 때문에 여러분 교회에 부흥이 일어날 줄로 믿습니다. 헌신 중에 가장 큰 헌신은 기도로 섬기는 것입니다. 사도행전 13장에 기도로 섬겼다 했습니다. 여러분 목양교사는 기도에 헌신이 있어야 할 줄로 믿습니다. 기도부흥이 사역과 교회부흥의 시작입니다.

저 자신이 꿈꾸는 게 있습니다. 쉽지는 않겠지만 주일 1, 2, 3부까지 그날은 기도로 예배를 드리는거예요. 여러분 모두에게 기도부흥이 있기를 축원합니다.

6. 믿음으로 기도하라.

기도는 어떻게 해야 합니까? 믿음으로 해야 합니다.

요한복음 14장 12절 "내가 진실로 진실로 너희에게 이르노니 나를 믿는 자는 나의 하는 일을 저도 할 것이요 또한 이 보다 큰 것도 하리니" 믿는 사람은 예수님이 하신 일을 하고 이보다 더 큰 일도 한다고 하셨습니다.

마태복음 21장 22절 "너희가 기도할 때 무엇이든지 믿고 구하는 것은 다 받으리라" 여러분! 목회현장에 얼마나 불신앙과 싸워야 할 일이 많은지 몰라요. 솔직하게 제가 목사지만 정말 불신앙과 많이 싸웁니다. '저 사람이 다음 주에 온다고 하는데 결국 와야 오는거지' 온다고 했으면 하나님 안에서 믿어야 하거든요. '뭐 와봐야 알지' 여러분도 그렇지 않습니까? '다음 주에 선생님 제가 한 명 데려올께요' 다음 주에 봐야 알지. 이게 불신앙입니다. 이런 믿음가지고는 어떤 일도 안됩니다. 그 아이가 설령 안 데려올지라도 '주여 데려올 줄 믿습니다.' 이리 가야하는데 데려온다는데도 '그 때 가봐야 안다.' 다음 주에 데려오면 '4주 지나봐야 안다.' 하나님이 우리에게 안겨줘도 믿지 않습니다.

구름 한조각으로 소낙비가 온다해도 믿어야 합니다.

여러분! 한 명이 전도된 날 다른 선생님한테 뭐라고 해야 합니까? '우리 반은 폭발했습니다.' 라고 해야 합니다. 믿음의 고백은 남이 들을 때 미쳤다 소리를 듣습니다. 하지만 괜찮습니다. 반에 한 명이상 부흥하신 분 아멘하세요. "와! 폭발했다." (시-작) 우리는 그 한 명을 100명으로 볼 수 있는 믿음이 있어야 합니다. 10명을 1000명으로 볼 수 있는 믿음이 있어야 합니다. 그러므로 여러분! 믿음으로 기도해야 합니다. 우리가 기도할 때 믿음으로 기도하면 이루어 주십니다. "이 빈 자리를 채워주옵소서"

부산 수영로교회 목사님께서 간증하신 내용이 기도할 때마다 생각납니다. 그게 그리쉽지는 않더라고요. 어떤 분이 눈물만 채우면 부흥한다 소리를 듣고 서울에 학교다니며 개척하는데 전후좌우로 눈물을 훔쳐서 닦으며 그날 기도를 끝냈대요. 그 다음날도 울고 또 울고. 기도하면서 울기만 했답니다. 그냥 부흥시켜 달라고 울기만 했습니다. 눈물만 채우면 부흥된다는 말을 믿었습니다. 3개월이 지나자 앉을 자리가 없도록 꽉꽉 차 있더랍니다. 하나님의 말씀을 믿어야 합니다.

구름 한 조각을 소낙비라고 말합시다. 우리 교회도 20명이 새로왔습니다. 이 사람들이 엄청난 소낙비입니다. 그런데 우리는 '아이 20명' 하고 끝을 맺습니다. 우리는 믿음으로 고백할 수 있어야 합니다. "주여! 빠진 친구들 다음 주일 올 줄로 믿습니다." "주여! 한 달 빠진 친구들 다음 주일 올 줄로 믿습니다." 포기 안 하고 믿음으로 기도하면 언젠가는 주일날 나와서 예배드리는 역사가 있을 줄로 믿습니다. 길거리서 만나는 일이 있을 줄로 믿습니다. 그 아이가 하나님 만나게 될 줄로 믿습니다. 한 명 데리고 올 줄로 믿습니다. 주님은 "네 믿음대로 될지어다." 말씀하셨습니다.

여러분! 목양은 믿음이 있어야 합니다. 홍해를 건너고 여리고를 무너뜨릴 일이 얼마나 많은지 모릅니다. 부모, 가정에 영적전쟁이 많아 믿음 없이는 할 수 없습니다. 믿음으로 기도해야 합니다. 다른 기도하지 마시고 "주여, 다음주일 올 줄로 믿습니다. 내 문제가 해결된 줄로 믿습니다. 내 학업문제가 해결된 줄로 믿습니다." "저 아이가 기도 잘 할줄로 믿습니다. 전도 잘 할줄로 믿습니다. 예배 잘 드릴 줄로 믿습니다. 우리 가정이 평안하고 변화될 줄로 믿습니다. (처녀와 총각) 나에게 좋은 신랑감 (신부감) 주실 줄로 믿습니다." 주여! 믿습니다 하고 기도해야 합니다.

그런데 26~7세만 넘어가면 벌벌 떱니다. '목사님 주일날 너무 봉사를 많이해서 사람 만날 시간이 없습니다.' 그러면 그 얼굴에 주일날 어디가면 일이 되겠습니까? 주님이 도와주셔야 해요. 뒷모습 보고 반하고 앞모습 보고 충격 받고. 어떤 사람인지 알겠죠. 그러니까 하나님이 우리를 결혼시키려 할 때는 뒷모습만 보게 하십니다. 앞모습 보면 충격 받으니까. 어떻든 하나님이 도와주셔야 합니다. 믿음으로, 믿습니다. 좋은 며느리감 올 줄로 믿습니다. 좋은 사위감 올 줄로 믿습니다. 우리 반이 열배로 부흥될 줄로 믿습니다. 우리 목사님에게 더 큰 역사가 일어날 줄로 믿습니다. 우리 교회 빈자리가 채워질 줄 믿습니다. 십일조가 100만원 될 줄로 믿습니다. 이 기도를 1년 이상 해보신 분 아멘 해봐요. 없잖아요. 딸랑 한 번 기도하고 안 준다 합니다. 하나님은 우리 기도의 인내를 보십니다. 진심인지? 지속하는지? 무엇을 기도하면 응답이 올 때까지 기도해야 합니다. 십일조 100만원 기도했으면 찰 때까지 기도해야 합니다. 왜 포기하십니까? 100만원 십일조 못드려도 기도는 100만원 하고 천국가야 합니다. 설령 100만원 안 와도 마음은 부자가 될 것입니다.

왜 기도하면서 낙심합니까? 믿음이 없어서 그렇습니다. 믿음이 있으면 기도하다가 낙심하지 않습니다. 한 번 해보세요. 주여! 기도회 100명이 모일 줄 믿습니다. 왜 낙심하십니까? 100명이 안와도. 기도는 100명하다가 천국가면 되는 거예요. 여러분이 이런 믿음으로 기도하시기 바랍니다.

한번 외칩시다. 믿음으로 십일조든, 숫자 100명이든, 아니면 몸이 쭉 빠지든, 쭉쭉빵빵하든, 하나 둘 셋하면 믿음으로 외칩시다. 하나 둘 셋. 자기들이 하면서도 안 믿어져서 웃고 있습니다. 여러분 결코 쉽지 않습니다. 성전건축하면서 제가 그렇게 믿음 없는 사람인걸 몰랐습니다. 성전건축하면서 처음에는 땅만 주시옵소서 그랬습니다. 부지가 마련되니까 1층만 되게 하시옵소서. 1층되니까 기왕이면 2층되게 하시옵소서. 아니 처음부터 4층 되게 하옵소서 하면 될건데, 현실에 붙잡혀 가지고. 여러분 더 큰 믿음으로. 그래서 주님은 '네 입을 넓게 열라' 했습니다. 주여! 1000명을 주옵소서 기도하는 사람 아멘 해봐요. 자기 반을 위해 기도할 때 10초라도 기도해야 합니다. "1000명을 달라고 기도하는 사람 아멘 해봐요. 몇 명 없잖아요. 그러면 100명을 달라 기도하는 사람 아멘 해봐요. 그래도 조금은 있네요. 주여! 10명을 주시옵소서 기도하는 사람 아멘 해봐요. 한 번도 아멘 안 한 사람은 무엇입니까? 1만명입니까? 이 사역이 최소한 1000명이잖아요.

여러분이 기도할 때 1000명을 주옵소서 기도하고 믿어질 때 이루어집니다. 내가 계속 믿고 기도하면 언젠가는 내 마음 속에 1000명이 들어옵니다. 그것을 기도의 잉태라고 합니다. 내 마음에 잉태되어 때가되면 나옵니다. 나올 때까지 계속 믿고 기도해야 합니다. 기도한 다음에는 말로 고백해야 합니다. "집사님. 조금만 기다려 봐. 우리 곧 1000명 된다." 우리 인사합시다. "집사님. 까불지마. 조금만 있으면 된다." 기죽지 마세요. 믿음으로 1000명. 여러분 때문에 예배당이 증축되도록. 나에게 제자 10, 100, 1000명이 설 줄로 믿습니다.

7. 시간을 정해놓고 기도하라.

새벽기도, 정시기도, 철야기도 등 시간을 정해놓고 기도해야 합니다.

마가복음 1장 35절 "새벽 오히려 미명에 예수께서 일어나 나가 한적한 곳으로 가사 거기서 기도하시더니" 본문은 안식 후 첫날 새벽에 예수님께서 기도하신 사건을 기록하고 있습니다. 사람들은 안식일에 쉬지만 예수님은 안식일에 가버나움 회당에 들어가셔서 가르치셨고 더러운 귀신 들린 사람을 온전케 하셨고 베드로의 가정을 심방하시며 그의 장모가 열병을 앓고 있으므로 고쳐주셨습니다. 해질 때에 각색 병든 자들을 데려오매 다 고쳐주시고 귀신을 내어 쫓으셨습니다. 온 종일 사역에 피곤하셨지만 새벽 오히려 미명에 일어나신 예수님은 한적한 곳을 찾으셔서 기도하셨습니다.

사도행전 3장 1절 "제 구시 기도시간에 베드로와 요한이 성전에 올라갈쌔" 성전 미문에 앉은뱅이가 고침 받을 수 있었던 이유는 하루 삼차 기도시간을 정하고 성전에 올라가던 베드로와 요한을 만났기 때문이었습니다. 유대인은 제 삼시 육시 구시를 기도시간으로 정하고 기도하는 사람들이었습니다.

다니엘 6장 10절 "다니엘이 이 조서에 어인이 찍힌 것을 알고도 자기 집에 돌아가서는 그 방의 예루살렘으로 향하여 열린 창에서 전에 행하던대로 하루 세 번씩 무릎을 꿇고 기도하며 그 하나님께 감사하였더라" 다니엘은 나라의 모든 총리와 수령과 방백과 모사와 관원이 모여 의논하고 왕에게 금령을 세우게 하되 삼십일 동안에 누구든지 왕외에 어느 신에게나 사람에게 무엇을 구하면 사자굴에 던져 넣기로 한 조서에 다리오왕의 어인이 찍힌 것을 알고도 하루 세 번씩 전에 하던대로 기도했습니다.

시편 5장 3절 "여호와여 아침에 주께서 나의 소리를 들으시리니 아침에 내가 주께 기도하고 바라리이다." 시편 55장 17절 "저녁과 아침과 정오에 내가 근심하여 탄식하리니 여호와께서 내 소리를 들으시리로다."

성도는 쉬지 말고 기도하고 무시로 성령 안에서 기도해야 하지만 시간을 정하여 기도해야 합니다.

목양교사의 기도전략

1. 겟세마네 기도회.

겟세마네 기도회는 주님께서 감람산에서 땀방울이 변하여 핏방울이 되도록 간절한 기도로 하나님의 뜻을 구하였듯이 하나님의 뜻을 구하기 위한 기도 시간입니다. 월, 화, 목 (3일) 하며 시간은 1시간을 기준으로 합니다. 찬양 (10분) 성경읽기 (5분) 연합기도 (30분) 개인기도 (15분). 시작에는 담임목사께서 인도하셔야 하고 자리가 잡히면 부교역자 또는 평신도 사역자가 인도하는 것도 좋습니다. 처음 시작할 때는 1~2주 특별기도회로 시작하다가 분위기가 잡히면 교인들의 동의를 받아 지속적으로 하는 것이 좋습니다.

2. 목양 중보 기도팀 운영.

기관별로 중보기도 팀을 운영하여 목양기도를 하게 합니다. 유치부 / 유초등부 / 중고등부 / 청년부 / 장년부. 시간은 교회별로 자유로이 정하는 것이 좋습니다. 토요일이나 주일이 효과 면에서는 가장 좋습니다. 시간은 30분에서 1시간 이내가 가장 좋습니다. 유치부는 인도자를 세우고 그 외 부서는 본인들이 인도자를 자율적으로 세워서 하는 것이 좋습니다. 찬양 (10분) 연합기도 (30분) 정도가 좋습니다. 목회자와 교회만을 위한 기도여야 합니다. 누구든지 할 수 있도록 문을 열어 놓아야 합니다. 그리고 만나는 사람마다 중보기도 팀을 하라고 권면해야 합니다.

3. 현장 기도회.

초등학교와 중고등학교 안에서 기도회를 합니다. 일주일에 한번씩 같은 학교 학생들끼리 모여서 합니다. 초등학교는 운동장에서 하고 있습니다. 중고등학생들은 학교 음악실을 빌려서 하고 있습니다. 이 기도회를 통해 본인들이 현장에서 무엇을 위해 살아야 하는지를 알게 합니다. 시간은 30분 정도가 좋습니다.

4. 월요 가족 통합 새벽기도회.

목양사역을 하다보면 소외되는 성도가 있게 마련입니다. 언젠가는 그들도 목양을 하게 해야 합니다. 월요 가족 통합 새벽기도회는 교회 안에서 소외된 그들도 은혜 받도록 하는 좋은 시간입니다. 매주 월요일 마다 온가족이 함께 나와서 서로

가 서로를 축복하며 기도합니다. 새벽 5~6시까지 한 시간 기도합니다. 찬양 (10분) 말씀 (20분) 연합기도 (30분). 부모가 먼저 자녀를 안수기도하고 그리고 자녀가 부모를 축복기도 합니다. 그런 후 온가족이 교회와 목사님을 위하여 기도합니다. 혼자 나오는 가족은 가족사진을 가지고 나와서 손을 올리고 간절히 기도합니다. 평소 참석 수보다 4~5배 많이 나옵니다. 그리고 통합의 기름부음이 강합니다.

목양교사의 기도 7계명 강의안

1. 목양사역의 능력이다.

1) 요 14:14/ 내 이름으로 무엇이든지 내게 구하면 내가 시
   행하리라.

2) 마 4:1-11/ 주님도 기도로 사역을 시작 하였다.

3) 행 1:13-14/ 초대교회도 기도로 시작하였다.

4) 행 16:16/ 바울사도도 기도로 시작하였다.

2. 목양사역의 안식이다.

1) 막 1:35/ 새벽 오히려 미명에 예수께서 일어나 나가 한적
   한 곳으로 가사 거기서 기도하시더니.

2) 빌 4:6-7/ 아무것도 염려하지 말고 오직 모든 일에 기도
   와 간구로 너희 구할 것을 감사함으로 아뢰라 그리하면
   모든 지각에 뛰어난 하나님의 평강이 그리스도 예수 안
   에서 너희 마음과 생각을 지키시리라.

3) 행 16:25/ 밤중쯤 되어 바울과 실라가 기도하고 하나님
   을 찬미하매 죄수들이 듣더라.

3. 자기 신앙관리의 지름길이다.

1) 벧전 4:7/ 만물의 마지막이 가까웠으니 그러므로 너희는 정신을 차리고 근신하여 기도하라.

2) 마 26:41/ 시험에 들지 않게 깨어 기도하라.

3) 단 6:10/ 다니엘이 이 조서에 어인이 찍힌 것을 알고도 자기 집에 돌아가서는 그 방의 예루살렘으로 향하여 열린 창에서 전에 행하던 대로 하루 세 번씩 무릎을 꿇고 기도하며 그 하나님께 감사하였더라.

4. 영적전쟁의 핵폭탄이다.

1) 엡 6:18/ 모든 기도와 간구로 하되 성령 안에서 기도하고 이를 위하여 깨어구하기를 항상 힘쓰며 여러 성도를 위하여 구하고.

2) 막 9:29/ 기도 외에 다른 것으로는 이런 유가 나갈 수 없느니라.

3) 행 12:5/ 이에 베드로는 옥에 갇혔고 교회는 그를 위하여 간절히 하나님께 빌더라.

4) 약 4:7/ 마귀를 대적하라 그리하면 너희를 피하리라.

5. 교회 부흥의 시작이다.

1) 행 1:14/ 마음을 같이하여 전혀 기도에 힘쓰니라.

2) 행 10장 / 백부장의 기도.

3) 행 12장 / 예루살렘교회의 기도.

4) 행 13:1-3/ 안디옥교회의 기도.

6. 믿음으로 기도하라.

1) 요 14:12/ 내가 진실로 진실로 너희에게 이르노니 나를 믿는 자는 나의 하는 일을 저도 할 것이요 또한 이보다 큰 것도 하리니 이는 내가 아버지께로 감이라.

2) 마 17:20/ 겨자씨 믿음.

3) 마 21:22/ 너희가 기도할 때 무엇이든지 믿고 구하는 것은 다 받으리라.

7. 시간을 정해놓고 기도하라.

1) 새벽기도 (막 1:35)

2) 정시기도 (행 3:1)

3) 철야기도 (눅 22:39)

목양교사의 전도 7계명

주제성구 : 고린도전서 9장 16절.

내가 복음을 전할지라도 자랑할 것이 없음은 내가 부득불 할 일임이라 만일 복음을 전하지 아니하면 내게 화가 있을 것임이로라

① 전도에 미쳐라.
② 전도가 하나님의 소원임을 알아라.
③ 내가 사는 목적이 전도임을 고백하라.
④ 전도는 성령의 능력으로만 가능하다.
⑤ 전도는 지속성이 중요하다.
⑥ 때가 된 사람은 예수님을 믿는다.
⑦ 옥토에 전도하라.

전도가 전략입니다

부흥은 한 사람의 제자가 키워질 때 가능합니다. 어린이 한 명을 제자 삼으면 그 아이가 수 십명 전도 할 수 있습니다. 부흥의 전략 중의 전략은 사람 키우는 것입니다. 어른만 아니라 어린이도 제자 삼아야 합니다. 끌어 모으기만 하지 말고. 목양의 4가지 전략(기도, 전도, 양육, 심방)이 이해되면 그의 눈에서는 눈물이 마르지 않습니다. 목회자가 이해되고 가슴에 들어와서 말입니다. 현장에서 심방의 어려움을 당해 보세요. 양육의 기쁨을 맛보세요. 우리 교회는 누구나 4가지 전략에 다 넣습니다. 왜냐하면 제가 인간적으로 골라 훈련한 사람은 다 실패했습니다. 저는 어떤 사람이 잘 하겠다 그 생각 안합니다. 일단 4가지 전략에 모두 넣어 봅니다. 일단 넣으면 표가 납니다. '누구든지 사역자다. 누구든지 교사다.' 어떤 교사는 전혀 훈련 안 받았는데도 조금만 도와주면 잘 하는 교사가 있습니다. 4가지는 교회학교 현장입니다.

　이 사역을 하려면 목회자가 독해야 합니다. 하루 1시간 기도 안하면 벌금을 매깁니다. 1주일 1시간 전도 안하면 벌금을 매깁니다. 1:1 양육 안하면 자꾸 볶아야 합니다. 심방 안하면 자꾸 괴롭히고. 실은 목회자가 이 일을 해 주어야 합니다. 부교역자는 인기관리 하느라 이 일을 못합니다. 담임목회자가 1년만 이 일을 하면 됩니다. 눈 딱 감고 1년만 하면 됩니다. 물론 1년 훈련 받다가 떨어지는 사람이 있습니다. ‘저 사람은 아니구나’ 재껴 놓아야 합니다. 저 사람은 보조구나. 미련을 갖지 말아야 합니다. 그런데 1년만 따라오면 기도, 전도, 양육, 심방 체질이 됩니다. 평생 신앙생활 해도 이 훈련 받기가 어렵습니다. 내가 직접 목양을 해 봐야 체험 할 수 있습니다.

　이 훈련은 장년부서에 될까요? 안됩니다. 양육 안하려 합니다. 심방 매주 안받습니다. 1년 동안 4가지 하면서 깨닫는 게 있습니다. 첫째, 목사님 목회가 쉽지 않겠구나. 내가 도와야겠구나. 둘째, 하나님의 마음, 예수님의 마음을 깨닫게 됩니다. 이게 목양사역 훈련입니다. 이런 깨달음이 없으면 목사님의 오른팔이 안됩니다. 때가 되면 반드시 배신합니다. 목양에 들어온 사람은 목회자와의 관계가 목양으로 연결됩니다. 이 관계가 안되면 접근이 항상 인간적입니다. 그 가운데 마음이 다치게 됩니다. 목양으로 목사님을 만나면 자꾸 이해가 됩니다. ‘오늘 목사님 새벽기도 못나오셨네. 어제 심방하느라 얼마나 힘드셨으면....' 이래야 되는데. '우리 목사님 먹고 할 일 없는 분인데 왜 새벽기도 안 나올까?' 이러면 안됩니다. 목양하는 사람은 밤늦게 사역하고 새벽기도 못나오는 것을 알고 있습니다. 4가지 목양을 안하는데 '목사님 죽을지언정 떠나지 않겠습니다.' 그 사람은 믿으면 안됩니다. 그 분이 잘못된 게 아닙니다. 그 분의 의지로 그 일이 가능하지 않기 때문입니다. 결국 4가지 전략 속에서 체험되어야 목양제자가 됩니다.

여러분이 목양제자가 되면 유익 할까요? 손해 볼까요? 유익합니다. 여러분의 마지막 시험은 강단입니다. 강단이 존경스럽고 하나님의 권위로 강단이 받아들여지고 강단이 복종된

다면 여러분 개인의 문제는 끝입니다. 그런데 이게 잘 안됩니다. 어떤 메시지가 떨어져도 아멘이 돼야 합니다. 그러기 위해서는 목양자와 목양자로 만나야 합니다. 목사님을 목사님과 성도로 만나면 안됩니다. 목사님과 양으로 만나도 안됩니다. 목사님을 목양 대 목양으로 만나야 합니다. 그 때 목회자를 위해 기도만 하면 눈물이 납니다. 여러분은 5명 10명도 힘들잖아요. 그런데 교회를 이끌어 나가려면 얼마나 힘드실까? 여러분이 10명 20명 넘으려면 죽다 살아나는 영적전쟁이 있습니다. 교회가 10명 20명 100명 부흥할 때 목사님에게 영적전쟁이 없을 것 같습니까? 부흥할 때 마귀가 얼마나 흔드는지. 엄청난 영적전쟁이 있습니다. 왜 그때마다 목사님의 꼬투리를 잡습니까? 그 이유는 목양을 몰라서 그렇습니다. 목양을 알면 중보기도하게 되고 문제를 문제로 보지 않게 됩니다. 이런 성도 10명만 있으면 그 교회는 1000명 금방 합니다. 여러분이 이런 사람 되고 싶습니까? 아멘.

지금의 교회가 좋아보일지 모르지만 무슨 문제가 생겼을 때 목양의 눈으로 바라보셔야 합니다. 아버지의 마음, 하나님의 은혜로 보셔야 합니다. 그 교회가 당하는 어려움은 전부 그 교회 부흥을 위해서 주시는 것입니다. 이것을 자꾸 부정적으로 보니까 사단을 이길 수가 없습니다. 목양교사 안 만들면 교인은 절대 믿으면 안됩니다. 교인이 나빠서가 아니고. 베드로가 왜 도망간 줄 아십니까? 목숨이 아까워서 도망했습니다.

도망간 베드로를 회복하는 메시지가 뭐죠. 목양하라.(요한복음 21:15~17). 베드로는 목양을 했습니까? 예 했습니다. 목양한 다음 베드로의 모습은 완전히 하나님의 마음, 예수님의 마음으로 들어 갔습니다. 성령을 받았다는데 이유가 있지만 목양을 했기때문에 그렇게 바뀌어 진거예요. 사도행전의 베드로를 보면 사람이 완전 딴판이 되었습니다. 얼마나 멋진 사람이 됐는지 몰라요. 일곱 집사도 다 그랬습니다. 스데반 집사님은 주의 종 못지않은 영성을 갖고 있었습니다. 4가지 전략을 현장 속에서 실시할 때 목양의 은혜와 영성을 주십니다. 오늘은 목양교사의 전도 7 계명을 하겠습니다.

1. 전도에 미쳐라.

전도 잘하는 7계명 중 첫째는 전도에 미쳐라 입니다. 그런데 내가 어떤 것에 미치면 나보다 주위 사람이 더 잘 알게 됩니다. 여러분! 가족이나 주변 사람들이 "당신 예수에 미쳤네" 하는 소리를 한 번이라도 들어 본 사람 아멘 해보세요. (아멘) 축하합니다. 우리는 무언가에 미쳐야 성공합니다. 공부도 미쳐야 잘 합니다. 사업도 미쳐야 성공 합니다. 그림 그리는 사람은 그림에 미치고 책 쓰는 사람은 책 쓰는 일에 미쳐야 합니다. 자기 전공에 미쳐야 성공 할 수 있습니다. 우리는 전도에 미쳐야 합니다. 전도를 잘 하려면 전도에 미쳐야 합니다.

지나가는 사람만 있으면 다 건드려 보고 아이들만 있으면 다 전도하고 때를 얻든지 못 얻든지 전도에 그냥 미쳐 살아야 합니다.

예수님은 마가복음 1장 38절에 "우리가 가까운 다른 마을들로 가자 거기서도 전도하리니 내가 이를 위해서 왔노라" 예수님이 새벽기도를 마쳤을 때 많은 사람이 병고침 받으러 찾아왔습니다. 그 때 예수님은 그 사람들을 안 만났습니다. 왜냐하면 예수님은 전도에 미친 분이었어요. 그들을 먼저 만나지 않으시고 전도하러 갔습니다. 여러분! 우리가 전도의 뜨거움과 전도에 미쳐야 전도에 전문가가 될 수 있습니다.

전도는 훈련 이전에 있어야 할 것이 있습니다. 미치는 것은 훈련으로 되는 게 아닙니다. 미쳐지고 은혜로 충만해지는 것은 훈련으로 되는 게 아닙니다. 그것은 하나님의 기름부으심이 있어야 합니다. 전도에 미치는 기름부으심이 있어야 합니다.

여러분! 우리가 예수님을 믿으면서 최소한 기억에 남는 전도에 미쳐 살던 시절이 있어야 합니다. 여기 버스 안에서 약 팔듯이 복음 전해 본 사람이 있습니까? '신사 숙녀 여러분! 바쁘신 중에 제가 시간을 내어 좋은 길, 축복의 길, 구원 받는 길을 전해 드리겠습니다.' 약팔듯이 복음을 차 안에서 전해 보신 분 손 한 번 들어보세요. 목사님들 빼고 한 번도 약 안 팔았잖아요.

저는 평생소원이 신학교 다니면서 학교 마치고 돌아가면서 버스 안에서 복음전하는 분들이 있었습니다. 그 분들이 너무 부러웠습니다. 한편 부러우면서도 한편 창피스러웠습니다. 얼마나 그게 괴롭던지 '나도 한 번 해야 되는데' 그러던 어느 날 혼자 버스를 타고 서서는 못하고. 그 때는 차장이 있었습니다. 차장 뒤에 앉아서 말 할까 말까. 지금 내릴 때가 다 되었는데 제가 얼마나 계산을 깔았는지 껌인가 뭔가를 하나주었어요. 그리고 예수님 믿어야 한다고. 그건 제가 서서 외친 것은 아니었습니다. 그런데 그게 한이 맺혔습니다.

그게 한이 맺혀 있는데 목회하다가 어떤 전도훈련 받으면 거리에 다니며 마이크 들고 전도한다는 거예요. 내가 저 전도훈련 받고 미쳐야되겠다 싶어서 훈련 받으러 갔습니다. 가니까 훈련을 시키는데 "전부 따라와!" 두 줄로 서서 죄수가 어디 끌려가는 것처럼. 얼마나 야단을 치는지 '전도 안 한다고' 저희를 역전으로 데리고 가더니 "무릎 꿇어" 거기는 나 아는 사람도 지나다니는 곳인데. 목사들을 향하여 집사가 "무릎 꿇으세요" 그 때 내 마음에 그렇지 언젠가는 내가 이 일을 하고 싶었지. 하나님께서 이런 훈련을 통해 내 소원을 이루시는거다. 옜다 모르겠다. 이왕 버린 몸 그러면서 무릎을 꿇었습니다. 그 때 얼마나 눈물이 나는지. 기왕 역전에서 얼굴 팔렸고 내려오자마자 서면 바닥에서 6개월을 "주 예수를 믿으라. 그리하면 너와 네 집이 구원을 얻으리라" "예수 믿으면 천국 안 믿으면 지옥갑니다." 지나가는 청년들 보고 "마약하지 말라. 술

취하지 말라. 간음하지 말라" 그런데 가다보니까 매주 듣는 사람만 듣더라고요. 기분이 묘하데요. 토요일 마다 가면 거기 앉아있는 사람이 꼭 앉아 있습니다. 정신이 약간 이상한 사람들. 멀쩡한 사람은 한 명도 없어요.

저도 한 번 해봤습니다. 저희 교회서 서면까지 버스타고 7~8분 걸어가면 30분 걸립니다. 거기 70~80명 쭉 세워서. 주일날 예배 끝나고. 껄렁껄렁하고 술 한 잔 걸치고 다니는 집사들. 서면 바닥에 가서 자기 동료들 만나면 큰 일 날거 아닙니까? 그것도 양복입고 띠매고 줄 세워가지고 "예수 믿어야 됩니다." 그런데 몇 개월 하다보니까 한 명 한 명씩 안보이기 시작하는거예요. 교회를 떠나버렸어요. 어떻든 전도에 미치고 싶은 마음이 간절했습니다.

혼자서 부산 어린이 대공원을 찾아갔습니다. 제가 폐결핵을 앓을 때 '인생이 뭐냐? 콱 목매달아 죽어 버릴까?' 그런 생각을 하던 곳입니다. 거기는 낮에 가면 베드민턴 치는 사람하고 할 일 없이 우울증 걸려 왔다갔다 하는 사람들이 있습니다. 그 때를 생각하고 내가 전도에 미쳐야 되겠다는 생각으로 사영리 책을 들고 가서 영접시키고 그럴 때가 있었습니다. 그런데 꼭 가면 영접하는 사람은 맛이 살짝 간 사람만 영접합니다. 멀쩡한 사람은 영접 안해요. 눈빛이 약간 이상하고 다음에 가서 이야기 하다보면 딴소리 하고 그렇습니다. 그래서 저는 전도하면서 갈등이 있었습니다. 멀쩡한 사람은 다 어디갔을까? 물론 젊은 목회자들을 훈련시키는 과정이었지만 어떻든 저는 미치고 싶었습니다. 다른 것은 몰라도 전도에 미치고 싶었습니다.

　어떤 마음이 있었느냐면 교회 개척하면 전도에 미쳐야되겠다. 개척하면 해야 할 일 중에 하나 매일 전도에 미치자. 제 마음이 그랬습니다. 전도에 미쳐야 부흥할 수 있습니다. 전도에 미쳐야 목양교사 잘 할 수 있습니다. 우리 교회도 재적이 100명 넘어간 분들은 제가 볼 때 전도에 미친 분들입니다. 재적이 100명 넘고 출석이 30명 넘어간 사람은 전도에 안 미치면 그리될 수가 없습니다. 전도에 안 미치고 자기 시간따라 전도하면 이룰 수 있는 게 아닙니다. 전도 스케줄이 모든 삶의 우선순위가 되고 열 일을 재껴 놓고 전도해야 전도에 미친 사람 아니겠습니까?

　여러분! 도박에 미친 사람 보셨죠. 도박에 미친 사람은 마누라도 팔아먹는다는 거 아닙니까? 밑천이 바닥나면 '우리 마누라 건다. 이제 됐나' 마누라를 팔아 먹는거예요. 완전히 미친 겁니다. 미친 사람들은 뒷일을 생각하지 않습니다. 여러분 전도에 미치면 내일 일을 생각하면 안됩니다. 전도에 미치면 앞으로 일어날 어떤 일을 생각할 필요가 없습니다. '지금 내가 뭘 해야 할지' 미친 사람들의 특징은 다른 거 고민 안 합니다. 여러분! 정신병자 치고 암 걸린 사람 봤어요? 암은 대부분

똑똑하거나 아주 민첩한 사람이 걸립니다. 여기 암이 안 걸린 사람은 무딘 사람들이어서 그런 것입니다. 정신병자는 전혀 고민이나 근심이 없거든요. 그러니까 암이 안 걸리는거예요. 우리가 예수에 미치고 복음에 미쳐야 정상적인 하나님의 은혜 속에 들어갈 수가 있습니다. 전도에 미쳐야 합니다. 다른 것 보다 전도에 미쳐야 합니다. (아멘)

사도행전 8장 26-40절에 빌립집사가 전도하는 장면이 나옵니다. 자세히 보면 빌립집사는 전도에 미쳤습니다. 왜냐? 지금 예루살렘은 헤롯의 핍박이 일어나 쫓기는 과정입니다. 도망가는 중인데 가다가 사마리아성을 보니 '어 이게 아니예요' 자신의 입장과 처지를 생각 안하고 전도하고 있습니다. 전도에 한참 열심내고 있는데 갑자기 성령님이 역사하십니다. 어디로 가라했습니까? 광야로 가라. 내가 지시할 땅으로 가라. 광야로 가니 누가 기다리고 있죠. 에디오피아 국고를 맡은 내시. 사마리아에서 광야까지는 300km입니다. 부산에서 대전가는 거리입니다. 지금처럼 차가 있는 게 아닙니다. 얼마나 많은 시간이 걸렸겠습니까? 그것도 광야길을. 순종하여 가 보니 전도 대상자가 100명 1000명이 있었습니까? 아닙니다. 한 명 있었어요. 한 명. 이 일은 전도에 미친 사람에게만 올 수 있는 하나님의 인도하심입니다.

전도에 미친 사람은 한 명이고 100명이고 1000명이고 상관이 없습니다. 그런데 에디오피아 내시 한 사람은 한 사람이 아닙니다. 한 나라의 전도문이었습니다. 이게 전도에 미친 사람한테 주는 축복입니다. 전도에 미친 사람한테는 그 한 사람이 한 사람이 아닙니다. 그 한 사람을 통해 10명 20명 한 가족이 구원 받는 축복을 받습니다. 그러므로 빌립은 전도에 미친 사람입니다. 완전히 자기의 형편이고 뭐고 없었습니다. 자기가 시련 당하고 고난 당한다고 생각하지 않았습니다.

여러분! 조금 극단적으로 말씀 해 봅시다. 여러분 집에 어떤 상황이 일어나도 전도해야 합니다. 여러분 사업에 어떤 상황이 일어나도 전도해야 합니다. 여러분 자녀가 지금 집을 나갔어도 전도해야 합니다. 여러분이 어떤 상황에 있어도 전도해야 합니다. 그게 전도에 미친 사람입니다. 그러면 나머지는 주님이 도와주십니다.

그런데 마귀는 전도 못하게 내 상황과 형편을 끌고 갑니다. 네 형편이 지금 이런데 무슨 전도냐? 네 환경이 지금 이런데 무슨 전도냐? 우리는 자꾸 환경에 끌려가면 안됩니다. 여러분! 환경을 뛰어 넘는 능력은 미칠 때 오는 거예요. 옛날에 남녀가 로미오와 줄리엣처럼 사귀다가 미쳐서 창문도 뛰어넘고 부모도 다 버린 사람이 있잖아요. 여기 혹시 그런 사람 없습니까? 우리 어릴 때만해도 그런 분들 많이 있었어요. 부모가 결혼을 반대하니까 보따리 싸들고 남자따라 야반도주하여 배가 남산만 해가지고 와서 결혼하겠다고. 지금은 그런 사람이 거의 없지만 30~40년 전만해도 많았습니다. 왜요? 미쳐서 그런 것입니다. 사랑에 미쳐서 그렇습니다. 그러니까 그 환경을 뛰어넘고 이기는거예요.

여러분! 우리가 전도하기 위해서는 우리 주위에 일어나는 환경을 뛰어 넘어야 합니다. 미치지 않고는 뛰어 넘을 수가 없습니다. "주여! 나로하여금 전도에 미치게 하여 주시옵소서" 특별기도 해보신 분 아멘 해봐요. 그래요 몇 분 계시네요. '전도에 미치게 해 달라'고 한 끼, 하루, 한 달 작정하고 기도하신 분 아멘 해봐요. 한 분 계시네요. 우리는 기도해야 합니다. 여러분이 다른것에 특별작정기도 하지 마시고 '전도에 미치게 하여 주옵소서' 하고 작정기도 해야 합니다.

저는 개척교회 시작하면서 1년 동안 한 끼씩 금식하면서 "주여! 전도하게 하옵소서" 개척초기 전략이 기도 밖에 없었습니다. 전도, 기도, 전도, 금식기도. 이것만 1년 했습니다. 저는 개척 1년에 목회승부수를 걸었습니다. 선배들로부터 들은 게 있어서요. 여러분 사역에 새해가 오기 전에 승부수를 거세요. 남아 있는 2개월 동안 '기도, 전도, 기도, 전도' 한 번 작정을 해 보세요. 이제 지나간 일은 다 잊어버리세요. 그리고 새해를 향하여 '내가 20명이면 20명, 10명이면 10명해서 새해를 맞이하겠다. 나 한 명이 교회분위기를 이끌겠다.' 한 번 해 보세요. 다른 사람은 안 해도 여러분이 그 분위기 회복시

키기를 주의 이름으로 축복합니다. (아멘)

저희 집사람도 교사이지만 제가 볼 때 대단하다 생각합니다. 매일 전도하러 갑니다. 제가 때로는 불편할 때도 있습니다. 토요일 아이를 돌봐 주어야 말씀 준비 하는데 엄마 어디 갔냐 하면 전도갔다. 심방갔다. 저도 실은 주일 설교준비를 해야 하는데, 전도하고 심방간다는데 거기 무슨 말을 하겠습니까? 꾸준하게 해야 합니다. 지속적으로 하는 것은 미쳐야 할 수 있습니다. 반짝 하는 것은 감정이예요. 와! 하는 것은 감정이예요. 미치면 지속하도록 하는 힘이 생겨집니다. 우리 전도에 미칩시다.

사도행전 9장에 보면 사도바울이 완전히 미쳤어요. 다메섹에서 예수님을 만나고 나서. 그가 지금 전도할 상황이 아닙니다. 그는 어제까지만 해도 예수를 핍박하고 예수 믿는 사람을 핍박하던 사람이었습니다. 그런데 예수 만난 바울은 즉시 회당에 가서 예수님은 하나님의 아들이라고 전파했습니다. 바울은 전도에 미쳤습니다. 바울이 은혜 받고 제일 먼저 찾아온 것이 전도에 미친 것입니다. 여러분에게 이 은혜가 있기를 축원합니다.

사도행전 14장에 바울이 돌에 맞아 거의 죽은 상태에 있었습니다. 그런데 이틀이 지나서 또 전도했습니다. 미친 사람만

이렇게 할 수 있습니다. 여러분이 정말 목양교사로서 전도 잘
하기를 원하시면 전도에 미쳐야 합니다. 우리 교사들이 전도
에 미쳐야 합니다. 여러분이 10년 20년 내다보지 말고 (전도
는 길게 내다보면 안 됩니다) 6년 정해놓고 집중적으로 전도
에 미쳐서 하셔야 합니다.

저는 처음에 보이는 자동차마다 전도지를 꽂고 다녔습니다.
만나는 사람마다 건드려 보고요. 그런데 저도 은혜 떨어지니
아저씨들은 건드리기가 무섭데요. 제일 만만한 게 할아버지,
할머니. 요즘은 어린이 전도하니까 만나는 아이들마다 '니 교
회다니냐? 예 다녀요. 무슨무슨 교회 다녀요. 좋은교회 다니
네. 니 참 훌륭하다.' 어린이 전도는 조금만 미치면 폭발하게
되어 있습니다. 어른 전도에 비해서 정말 그렇습니다. 여러
분! 한 달만 미치면 100명 전도합니다. 1년 미치면 1000명 됩
니다. 여러분 한 달 미치겠습니까? 1년 미치겠습니까? 1년만
미치지 마시고 평생 미치면 100만명 합니다. 무디가 그랬잖
아요. 무디는 하루에 한 명 전도 안하면 잠을 안잤어요. 사역
하다보니 바빠서 어느 날 전도를 못했습니다. 그 날 늦은 밤
시카고를 갔습니다. 가다가 술에 만취한 사람한테 '예수 믿으
세요. 예수 안 믿으면 당신은 지옥 갑니다.' 한 마디하고 돌아
왔습니다. 그 사람이 얼마나 욕했겠어요. '그 예수. 니나 잘
믿어라' 그러지 않았겠어요. 그런데 그 사람이 집에 갔는데
귀에 "예수 믿으세요. 안 믿으면 지옥 갑니다." 3개월 동안 불

면증에 시달리다 무디를 찾아와 예수를 믿었습니다. 능력전
도는 대단합니다. 전도에 미친 자에게 주시는 하나님의 특별
한 은혜입니다. 여러분이 전도에 미칠 수 있는 기도. 다른 것
에 안 미치고 전도에 미치면 사람은 온전해 집니다.

2. 전도가 하나님의 소원임을 알아라.

전도는 내 소원이 아니고 하나님의 소원이예요.

요한복음 3장 16절을 읽읍시다.
하나님은 이 세상의 모든 사람이 멸망 받는 것을 원치 않습
니다. 지옥 가는 것을 원하지 않으세요. 영생을 얻고 천국 가
는 것을 원하십니다. 그래서 여러분 모든 사람이 죄를 범하였
는데 (로마서 3:23) 로마서 5장 8절 예수 그리스도를 보내 죽
게 하셔서 우리를 구원했습니다. 왜요? 그것이 하나님의 소원
이니까요.

여러분은 누구의 소원을 위해 살고 계십니까? 저도 목회를
해보니까 우리 성도들의 고민이 자기 소원 하고 하나님의 소
원이 자꾸 충돌하데요. 내 소원을 버렸다 하지만 사실은 아니
었어요. 그 결과 충돌이 계속됩니다. 자기 소원을 빨리 포기
해야 하는데. 내 소원과 하나님 소원이 자꾸 충돌하니 갈등이

계속 됩니다. 여러분은 여러분의 소원을 버렸습니까? 하나님의 소원만 잡았습니까? 하나님의 소원은 전도입니다. 영혼구원입니다. 한 명도 멸망치 않고 구원 받는 것입니다.

디모데전서 2장 4절 "하나님은 모든 사람이 구원을 받으며 진리를 아는데 이르기를 원하시느니라" 하나님은 모든 사람이 구원 받기를 원해요. 모든 사람 속에는 어린이, 어른 모두다 들어 있습니다. 여러분이 전도에 왜 미쳐야 합니까? 하나님의 소원이니까, 하나님의 소원에 미쳐야 합니다. 내 소원에 미치지 말고 하나님의 소원에 미쳐야 안 되겠습니까? 하나님의 소원에 미치는 우리가 되기를 바랍니다.

3. 내가 사는 목적이 전도임을 고백하라.

여러분! 사는 목적이 분명해야 합니다. 사는 목적을 분명하게 알 때 방황이 끝납니다. 내가 살아 있는 목적, 살아가야 할 이유가 하나님의 영광 아닙니까? 하나님의 소원을 풀어드리는 것 아닙니까? 전도는 하나님의 소원입니다. (아멘) 전도에 미쳐야 할 이유가 전도는 하나님의 소원입니다. 그런데 이제는 사는 목적 자체가 전도가 되어야 합니다. 사는 이유가 전도를 위해서입니다. 제가 한 번 여쭙겠습니다. 여러분! 왜 사세요? 선뜻 대답을 못하시네요. 집도 사고, 자동차도 사고 그러지 마세요. 왜 사세요? 하면 오래 살고 싶고 자식들도 잘 키우고. 여러분! 자녀들 잘 키우는데 너무 빠지지 마세요. 왜 사세요? 하고 물으면 바로 나와야 합니다. 전도하기 위해 산다고. 사는 목적이 분명해야 임마누엘 은혜가 옵니다. 사는 목적이 분명해야 인생에 갈등이 오지 않습니다. 이제 저와 여러분 나이가 어린나이가 아니잖아요. 그러면 아직도 인생을 갈등하면 되겠습니까? 분명한 목적과 푯대를 붙잡고 흔들리지 않고 가야 하지 않겠습니까? 어떤 일이 있어도 계속 가야 하지 않겠습니까? 목적을 붙잡고 푯대를 향하여 하나님이 위에서 부르신 부름의 상을 위하여 가야 안되겠습니까? 그게 무엇입니까? 전도입니다.

사도행전 9장 15절에 하나님이 바울보고 '이 사람은 내 이름을 위하여 이방인과 임금들과 이스라엘 자손들 앞에 전하기 위한 나의 그릇이라' 하나님은 사도바울을 전도의 그릇으로 택했다고 했습니다. 여러분! 여기에 확신이 있어야 돼요. 교사가 됐으면 영혼구원 하는 사람이잖아요. 바울이나 우리 교사들이 똑같은 게 하나있습니다. 영혼구원 하는 것입니다. 우리는 어린 영혼, 학생들을 전도할 교사아닙니까? 그러면 하나님은 저와 여러분을 무슨 그릇으로 선택했을까요? 전도의 그릇으로 선택한 것입니다. 서로 축복합시다. "당신은 전도의 그릇입니다." 당신은 전도의 그릇임을 믿습니까? 이방인들에게 나의 복음을 전하기 위하여 택한 나의 그릇이었습니다. 그러므로 사도바울은 사는 목적이 분명했습니다. 무엇을 위해서 사는 것입니까? 전도를 위해서, 영혼을 구원하기 위하여 본인이 선택을 받았다. 여러분과 저도 마찬가지입니다. 사명, 부르심에 대한 분명한 답이 있어야 돼요. 왜 나를 불렀을까? 왜 나를 구원했을까? 여러분을 왜 불렀죠? 하나님이. 전도 때문에 불렀습니다. (아멘) 여기 흔들리면 안됩니다. '난 아닌 것 같애, 저 권사님, 저 목사님' 이러면 안됩니다. 모든 그리스도인들은 다 전도자로 부름 받았습니다.

전도는 특별한 사람에게 준 은사가 아닙니다. 여러분! 아이 낳는 게 은사입니까? 아기 낳는 것은 여자 분들에게 주신 특별한 축복입니다. 인정하십니까? 나는 아기 낳는 게 은사다 라고 생각하는 사람 아멘 해봐요. 없잖아요. 아기 낳는 것은 은사가 아닙니다. 하나님이 주신 보편적이고 일반적인 은혜입니다. 전도는 특별한 사람에게 준 은혜가 아닙니다. 구원받은 모든 사람에게 준 하나님의 축복입니다. 그러므로 여러분이 '나는 전도를 위해 택함 받은 그릇이다.' 이 고백이 있어야 교사 잘 할 수 있습니다. 교사는 전도전문가입니다. 그러기 위해서는 이 고백이 있어야 할 줄로 믿습니다.

마태복음 4장 19절. 예수님이 무엇이라 말씀하십니까? 나를 따라 오너라. 내가 너희로 사람을 낚는 어부가 되게 하리라. 예수님은 제자를 부를 때 목적이 있었습니다. 전도자로 불렀습니다.

교사들을 무엇 때문에 불렀습니까? 전도자로 불렀습니다. 나를 따라 오너라. 내가 너희로 사람을 낚는 어부가 되게 하리라.

예수님이 제자들을 부른 목적이 무엇입니까? 전도자로 불렀습니다. 교사들을 무엇 때문에 불렀나요? 전도자로 불렀습니다. 교사는 전도하고 제자삼아야 합니다. 그런데 교사들이 전도훈련이 안 되어 벌벌 떨고 있습니다. 전도하러 나가는 시간이 어디 밥 먹으러 가는 시간처럼 즐거워야 하는데 실상이 그렇지 못합니다. '아이고 내일 또 전도하는 날이네, 내일 또 전도 가야하네' 은근히 걱정이 됩니다. 무슨 일이라도 하나 터지면 변명하고 안 나오려 합니다. 그러면서 하는 말. '집사님은 전도 잘하니까 나는 치맛자락 잡고 따라 갈께요. 집사님! 전도해서 나에게 한 명 줘요' 그런데 이 말은 옆 집에 가서 '애기 낳으면 한 명 주세요' 하는 것 하고 같습니다. 이런 사람이 있다면 그 사람 보며 미쳤다 할 것입니다.

여러분을 부르신 소명을 확실히 해야 합니다. 여러분을 주님은 왜 불렀습니까? 왜 구원하셨습니까? 전도의 그릇으로 부르셨습니다. 그래서 여러분과 저에게 고난이 온다면 무엇 때문에 고난이 올 것 같습니까? 전도 안하므로 찾아오는 고난이 많은 퍼센트를 차지 합니다.

저는 목회실수를 많이 한 사람입니다. 제가 생각해도 실수를 참 많이 했습니다. 제직회부터 시작해서 여러 면에 실수를 많이 했습니다. 예배 진행하면서도 '신앙고백 합시다.' 해놓고 주기도문하고. 종을 땡땡땡 치고 '다같이 신앙고백 하겠습니다.' 해 놓고 '하늘에 계신 우리 아버지여 이름이 거룩히 ~~~' 그런데 성도들은 참 순진합니다. 주기도문을 따라서 같이 합니다. 나중에 알고 보니까 다 알고 따라서 했다고 말합니다. 실수가 한 두 가지가 아니었습니다. 그런데 하나님이 저를 용서하시고 봐주시고 여기까지 오게 하신 이유는 저희 목회중심이 오직 전도였기 때문입니다. 어떻든 우리 교회가 전도에 미쳐야 되겠다. 그냥 '전도! 전도! 전도!' 1년 내내 전도, 전도, 교인들이 전도하든 안하든 틈만 나면 공간만 생기면 전도를 계속 외쳤습니다. 총동원전도, 관계전도, 알곡전도, 이슬비전도, 외치는 전도 등 온갖 것 다 해봤습니다. 침 잘 놓는 선교사님 모셔다가 침술전도, 때로는 밥 한 그릇 줘가며 밥 전도, 어찌하든 전도에 미쳐야겠다는 마음이 있었어요. 그 마음을 보시고 하나님이 제 부족함과 실수를 용서해주신 것 같습니다. 다른 것은 부족해도 전도한다니까. '목사님! 저도 전도한다니까 하나님이 허물을 덮어주시고 용서하시고 그러신 것 같아요' 하는 사역자들 아멘 해 보세요. 인정하십니까? 전도가 아니었으면 그 허물을 덮어주지 않았을 건데. 전도 때문에 그 허물을 덮어주신 분들이 몇 분 계신 것 같습니다. 그만큼 하나님이 전도를 좋아하시고 전도가 하나님의 소원임을 알 수 있습니다. 전도가 여러분이 사는 목적이어야 할 줄로 믿습니다.

고린도전서 10장 31절 "그런즉 너희가 먹든지 마시든지 무엇을 하든지 다 하나님의 영광을 위하여 하라" 여기 하나님의 영광이 무엇입니까? 전도입니다. 하나님의 영광과 뜻은 모든 사람이 구원 받는 것입니다. 모든 사람이 구원 받는 게 최고의 영광입니다. 우리가 사는 목적은 하나님의 영광을 위해 살아야 합니다. 왜 우리가 전도자의 삶을 살아야 합니까? 그것이 하나님의 소원이요 내가 사는 목적이기 때문입니다. '내가 사는 목적, 내가 원하는 한 가지 주님의 기쁨이 되는 것' 주님의 기쁨은 우리가 전도할 때 이루어 집니다. 내가 사는 목적은 주님의 기쁨이 되는 것입니다. "나 주님의 기쁨 되기 원하네"

내가 사는 목적은 전도를 위해 사는 것입니다. 옆 사람에게 고백합니다. '나는 전도 때문에 삽니다.' 혹시 이 고백 태어나서 처음 해 보셨죠. '나는 전도 때문에 삽니다.' 이 고백 처음 한 사람들이 있습니다. 기분이 나쁘지 않으시죠? 뭔가 감동이 오지요. 한 번 더 하겠습니다. 앞뒤 사람하고 '나는 전도 때문에 사는 사람입니다.' 방금 하나님이 너무 좋아하시네요. 제 마음에 '어이쿠 잘 한다.' 그러시는 거 같아요. 잘~한다.

여러분! 때로 하나님이 기뻐하실 때에는 설교 한 편을 할 때도 마음이 평안합니다. 그걸 느낄 때가 있습니다. '니 잘 한다.' 때때로 주님이 싫어 할 때는 '그만해라' 그럴 때가 있습니다. '이제는 그만 내리쳐라. 교인들이 다 아파서 죽을 것 같애' 실제는 하다보면 '니는 충만한 데 찬양을 절제해라' 저는 충만해서 밤새도록 하고 싶은데 교인들은 지쳐 허덕일 때가 있습니다. 주님은 인도자만 생각하지 않으시고 청중들도 생각하십니다. 그럴 때는 좀 아쉽지만 접을 때가 있습니다.

어떤 때는 새벽기도도 2~3시간 하고 싶을 때가 있습니다. 처음 40~50분은 성도들이 인내심을 가지고 들어줍니다. 그런데 시간이 지나면 한 명씩 한 명씩 빠져나갑니다. 가만 보면 저 혼자 미쳐 있는 거예요. 여러분! 사역은 그렇게 해서는 안됩니다. 상황분석을 잘 하시고. 지구에 종말이 오는 게 아닙니다. 내일로 갈 수 있는 여유가 있어야 합니다.

4. 전도는 성령의 능력으로만 가능하다.

전도는 무엇으로 가능하다? 성령의 능력.
전도는 누구의 능력으로만 가능하다? 성령의 능력으로.
전도는 성령의 능력으로만 가능합니다. 믿습니까? 절대로 저와 여러분의 힘으로 못합니다.
누가복음 4장 18-19절에 "주의 성령이 내게 임하셨으니 이는 가난한 자에게 복음을 전하게 하시려고 내게 기름을 부으시고 나를 보내사 포로 된 자에게 자유를, 눈먼 자에게 다시 보게 함을 전파하며 눌린 자를 자유케 하고 주의 은혜의 해를 전파하게 하려 하심이라” 예수님도 주의 성령이 임하여 가난한 자 병든 자 눌린 자 갇힌 자에게 전도했습니다.

사도행전 1장 8절에 “오직 성령이 너희에게 임하시면 너희가 권능을 받고 예루살렘과 온 유대와 사마리아와 땅 끝까지 이르러 내 증인이 되리라 하시니라” 성령이 임해야 증인된다고 했습니다.

사도행전 13장 1-3절에도 “안디옥 교회에 선지자들과 교사들이 있으니 곧 바나바와 니게르라하는 시므온과 구레네 사람 루기오와 분봉 왕 헤롯의 젖동생 마나엔과 및 사울이라. 주를 섬겨 금식할 때에 성령이 가라사대 내가 불러 시키는 일을 위하여 바나바와 사울을 따로 세우라 하시니 이에 금식하며 기도하고 두 사람에게 안수하여 보내니라” 성령의 인도로 선교와 전도의 역사가 시작되었습니다. (할렐루야)

전도는 성령의 역사입니다. 전도는 성령의 인도하심입니다. 그러므로 전도는 성령의 능력을 받아야만 가능합니다. 권능을 받아야 합니다. 왜 그렇습니까? 전도는 영적전쟁이기 때문입니다. 전도는 육신의 싸움이 아닌 영적인 싸움입니다. 그래서 전도는 내 육의 힘으로 이길 수 없습니다. 전도는 성령의 능력으로만 가능합니다. 왜요? 마귀에게 꽉 붙잡힌 인생들을 하나님께로 이끌어 오는 게 전도이기 때문입니다. 영혼을 이끌어 오는 힘은 과자를 주거나 인간적인 방법으로 안됩니다. 성령의 능력으로만 가능합니다.

어린이 전도도 능력전도 해야 합니다. 저를 정말 짜증나게 만드는 분들이 있습니다. ‘목사님 교회는 전도 나갈 때 뭐 가지고 갑니까? 솜사탕 기계, 아니면 껌, 아니면 사탕’ 그건 가지고 나가도 되고 안 가지고 가도 됩니다. 전도는 어른이든 어린이든 능력전도 해야 합니다. 어린이 전도를 아주 쉽게 생각하고 나가서 어느 순간 전도가 될 수 있습니다. 그냥 나가도. 그런데 어린이 전도도 평소 기도준비 된 사람이 현장에 가는 것이지. 전도는 어른이든 어린이든 마귀에게 사로잡힌 사람을 끌어내는 것이기 때문에 능력이 있어야 가능합니다. 여러분! 전도를 위하여 성령의 능력을 받으시기 바랍니다. 하나님께 전도를 위하여 능력을 간절히 구하시기 바랍니다. 성령의 권능. 다이나마이트 같은 폭발적인 힘. 그래서 마귀의 성을 파괴 시켜야 합니다. 초등학교와 중고등학교, 마귀의 성, 핵폭탄 터트리듯이 완전히 복음과 능력으로 파괴시켜 그 지경을 변화시켜야 합니다. 복음의 능력으로 완전히 변화시켜야 합니다. 이것이 인간의 힘으로 안됩니다. 성령의 능력으로만 가능합니다.

그런데 지혜로운 게 또 하나 있어야 합니다. 오직 능력으로.

불로! 불로!해서 너무 능력전도로 나가도 안됩니다. 전도는 전략이 있어야 하고 지혜로움이 있어야 합니다. 그리고 전도는 성령의 인도를 잘 받으셔야 합니다.

어느 전도훈련을 받으러 가니까 전도하러 가서 아파트 초인종을 누르고 안에서 문을 조금만 열어주면 일단은 아무 말 하지 말고 발을 들여 놓으래요. 거실에 신발 벗고 들어가서 무릎 꿇고 방언으로 기도하래요. 그래서 그 주인의 기를 꺾어야 한답니다. 저희는 순진해서 그대로 했습니다. 그러면 그 전도훈련 받고 간 사람들이 아파트에 초인종 누를 때 안에 사람이 있기를 바랄까요? 없기를 바랄까요? 없기를 바라는 게 문제입니다. 전도현장에 나갈 때 어장에 고기가 많아 기대에 벅차 가야되는데 고기가 없었으면 좋겠다 하는 낚시꾼이 세상에 어디 있겠습니까? 전도자들이 '오늘 제발 사람 안 만났으면 좋겠다.' 이런 마음으로 전도 나가는 사람들이 10에 5는 됩니다. 그러니 무슨 전도가 되겠습니까? 전도에는 능력이 당연히 필요하지만 전략이 필요하고 지혜가 필요한 것입니다. 막무가내로 전도하지 마세요. 능력 받았다고 일방적으로 하면 안 됩니다.

5. 전도는 지속성이 중요하다.

전도는 지속성이 중요합니다.

사도행전 5장 42절에 "저희가 날마다 성전에 있든지 집에 있든지 예수는 그리스도라 가르치기와 전도하기를 쉬지 아니하니라" 두 가지 단어가 있습니다. 날마다. 쉬지 아니하니라. 어린이든 중고등부든 전도는 날마다 쉬지 않는 지속성이 중요합니다. 지역을 뒤덮고 있는 어둠과 흑암은 한꺼번에 꺽이지 않습니다. 양파껍질이 벗겨지듯이 서서히 지역의 어둠이 꺽여집니다. 절대로 한 방에 끝나거나 그러지 않습니다. 어느 지역에 전도하러 가서 2박 3일 전도했다고 흑암의 권세가 꺽이는 게 아닙니다. 지역교회가 꾸준하게 지역적으로 꺽어내야 가능합니다. 지속! 지속! 꾸준히 하는 게 중요합니다.

우리 교사들이 1주일에 한 번이라도 꾸준히 전도해야 합니다. 이왕이면 날마다 하면 좋습니다. 여기 날마다 전도하는 분 있으면 '아멘!' 날마다 하루에 한 명이라도 전도하시는 분. 사도행전에 보면 날마다 전도했습니다. 전도지 넣고 다니다가 하루 1명이라도 복음을 전해야 합니다. D. L. 무디처럼. 이게 어려울까요? 쉬울까요? 쉬워요? 제가 하다가 실패했습니다. 제작년에 하루에 전도 1명 안하면 잠을 자지 않겠다. 무디처럼. 그런데 집회를 다니니까. 어느 날은 집회 마치고 10시가 됐는데 그 날 전도를 못했습니다. 전도를 해야 하는데 캄

캄한 밤에 전라도에 사람이 없어요. 거기는 새벽기도도 4시 30분인가 합니다. 전도할 사람이 없어서 숙소 카운터에 보니까 아주머니가 계세요. 그 아주머니한테 전도했습니다. 하나님이 그리하라 하시더라구요.

그런데 해 보니까 만만치 않더라고요. 약 3개월 정도하다가 도중하차 했습니다. 지속성이라는 게 정말 마음만 갖고 꾸준히 하는 게 쉽지 않습니다. 쉬다가도 다시 시작하면 됩니다. 우리 장로님은 매일 1명 전도하십니다. 학교 교감선생님이신데 항상 보이는 게 아이들인데 만날 때마다 전도하는 것입니다. 전도가 되든 안 되든 지속성, 여러분 가장 무서운 게 지속하는 것입니다. 마귀가 무서워 하는 게 지속입니다. 여리고성은 하루만에 무너진 게 아닙니다. 칠일을 꾸준히 돌 때 무너졌습니다.

여의도 순복음교회 전도왕 간증을 들었습니다. 그 교회는 지역에 구역을 하나 만들잖아요. 그러면 무엇을 가장 먼저 하느냐 하면 여리고성을 도는 기도부터 시작합니다. 한 번 기도로 돌고 두 번 돌 때는 전도신문 넣고 세 번 돌 때는 전도지 넣고 네 번째는 찾아가고 또 계속하다가 일곱 번째는 또 찾아가고. 어떻든 처음부터 찾아가는 게 아닙니다. 기도로 한 번 꺽어 놓고 전도지 한 번 넣고. 전도지가 1-2번 들어오면 궁금할 거 아닙니까? 누가 자꾸 넣어 놓나. 그럴 때 찾아가 자기를 소개하고. 이렇게 전도한다고 합니다. 그 분 역시 지속! 지속을 이야기하시대요. 그런 분들이 1년에 장년전도를 150~200명씩 하십니다. 아파트 한 동 전체의 어둠을 꺽는 작업을 먼저 하는 것입니다. 이 사역은 지속해야 가능합니다. 그럼 언제하느냐 물어보니까 새벽기도 끝나고 여리고 돌듯이 도는 일을 한답니다. 출근해야 할 사람이 있으니까요. 낮에 시간이 있으면 전도지 넣고. 방문은 주일 날 해도 되잖아요. 중요한 것은 지속하는 것입니다. 여리고가 무너질 때에도 지속적으로 돌았을 때 무너졌습니다. 여러분이 전도의 지속성 비밀을 깨달으시기 바랍니다.

사도행전 14장 7절에도 사도바울이 1차 전도여행을 마치고 돌아가면서 "거기서 복음을 전하니라" 바울의 전도전략은 한 번 갔던 곳을 다시 찾아가는 전략을 사용했습니다. 지속입니다. 지속. 한 번 방문으로 끝낸 것이 아니라 다시 방문하고 때로는 편지 쓰고.

사도행전 19장 8절에 보면 "바울이 회당에 들어가 석 달 동안을 담대히 하나님 나라에 대하여 강론하며 권면하되" 바울은 몇 달 동안 지속적으로 전도했습니까? 무려 석 달 동안을 한 지역에서 전도했습니다. 여러분! 한 학교를 완전히 정복하려면 선생님 2~3분이 학교 앞에 가서 진을 치면 감히 누가 오지를 못합니다. 한 팀이 같은 학교 가서 한 3개월 전도 해 보세요. 그 학교 아이들은 거의 다 그 교회 나옵니다. 아이들 분위기가 묘합니다. 전도 나가보면 아이들이 어느 교회가 많이 전도하는지 먼저 알아요. 몇 명 안가는 교회는 왕따 당할까 두려워서 안갑니다. 특히 짱, 대장들이 가는 교회를 많이 따라갑니다. 적어도 아이들 분위기는 '니 어느 교회 다니는데' 그 교회 초청잔치 날을 다 알고 그 교회 정보를 다 가지고 있습니다. '오늘 가면 상품권 준다는데' '오늘은 떡볶기 준다는데' 쭉 꽤고 있습니다. 우리 교회는 상품권 주잖아요. 예환꿈 교회 가면 상품권 준다더라. 다 압니다. 1명 데려오면 1장씩 주는 것을 알고 있습니다. 이번 주 너 나가고 다음 주 다른 아이데리고 나오면 몇장. 이미 다 알고 있습니다. 그걸 구지 나쁘다고 말 할 필요가 없습니다. 어떻든 누군가에게 줘야 할 거니까요. 그러니까 한 학교를 한 팀이 꾸준히 가면 감히 그 아이들이 다른데 갈 분위기가 안 된다는 것입니다.

어른도 마찬가지지만 한 지역을 지속적으로 전도하면 그 열매가 대단합니다. 우리교회 동원초등학교 전도팀은 한 명이 100명, 150명 전도했습니다. 그 학교 가서 만나보면 전부 우리교회 다닌데. 한 번 나오고 안 나오면서 분위기가 '우리교회요' 그리고 앞으로 교회 간다면 '우리교회 나오겠대요' 왜냐하면 5~6개월을 거의 한 학교에서 거의 매일 전도하니까요.

지역장악. 여러분! 지역장악은 꾸준히 지속적으로 할 때 이루어집니다. 이것이 바울전도전략입니다. 바울의 전도전략은 지속하는데 있습니다. 꾸준히 하는 것입니다. 데살로니가에 가서 3주 정도 집중전도 해놓고 또 교회세우고 그리하잖아요. 앞으로 여러분이 한 지역을 정했다면 지속적으로 계속 나가서 어둠을 꺽어내고 만남의 축복을 자꾸 가지셔야 합니다. 어떤 아이는 얼마 전 선생님 만나서 따라가야지. 결심했는데 그 이후로 선생님이 안 나타나는 거예요. 일년내내. 그러다가 다른 교회 선생님 따라 가 버립니다. 그런 경우가 참 많습니다. 아이들도 '저 선생님 참 좋다. 내일 전도지주면 따라 교회가야지' 그런데 그 날 이후로 선생님이 안 보여요. 다른 선생님 따라 갑니다. 그 아이는 갈급하기 때문에.

절대로 먼저 접근 안 할 수 있습니다. 우리도 마찬가지 잖아요. 어느 지역에 멀리 이사가면 전도지 받으면 '좋은교회를 정해야겠다.' 할 때 이런 마음이 있잖아요. '우리 집에 제일 먼저 전도지 들고 찾아오는 교회가야겠다.' 믿음 좋은 사람은 그럴 수 있습니다. 어느 날 어느 교회에서 전도하러 나오면 당연히 그 교회 등록하겠죠. 결국은 전도하는 교회에 좋은교인들이 갈 수밖에 없습니다. 그것이 하나님의 축복이고 선물이고 은혜라 생각합니다.

지속! 지속!
최근에 1주일 1번 꾸준히 전도하신 분 아멘 해 보세요. 회복해야하니까 전도가 뜸해졌다. 다시 회복하기를 원하시는 분 아멘 해 보세요. 아멘하신 분은 손들어보세요. 손드는 순간 회복됩니다.

전도는 사실 누구를 구원하기 이전에 내가 사는 길입니다. 전도하고 돌아오면 마음이 뿌듯하잖아요. 뭔가 할 일을 한 것처럼. 물을 한 잔 마셔도 물이 그렇게 달고요. 밥을 물에 말아 김치 얹어 먹어도 (시간이 없어서 이리하는 전도자가 많습니다) 꼬리곰탕 이상으로 맛이 있습니다. 무엇인가 사람이 일을 해야 뿌듯함이 오거든요. 진수성찬 앞에 앉았는데 전도를 빼먹었네. 먹고 있는데 뭔가가 부담스럽습니다. 왜 그렇습니까? 할 일을 안해서 그런 것입니다. 해야 할 일을 안 하고 있을 때 주님의 부담이 있잖아요. 전도는 주님의 소원이기 때문에 꼭 하셔야 합니다. (아멘)

그러면 작정 한 번 합시다. 올해 말까지 나는 하루 한 사람 전도하겠다. 새해는 그 때 가서 다시하고. 이제 몇 개월 안 남았으니까. 전도지 넣고 다니면서, 어른은 하지 마세요. 어린이에게만 전도하세요. 어린이 한 명에게 매일매일 전도하겠다 하는 분 아멘 해 보세요. 그 분들 손 한 번 들어보세요. 올해 말까지. 하루 한 명씩. 거의 다 손드셨네요. 예. 감사합니다. 여기는 손 안드시고 볼펜 만지고 계시네. '교사세요. 반의 재적이 몇 명이세요? (10명)' 남자 집사님이 10명이시면 아주 잘하시는 것입니다. 대개 남자분들이 10명 넘어가는 분들이 거의 없습니다. 보통 4~5명입니다. 그게 누구냐? 본인 자녀들. 그런데 왜 손을 안드셔요? 전도가 좀 부담스럽습니까? 시간이 없으십니까? 손들고 안 지킬까 봐. 깜빡하기 때문에. 그러면 목사님께서 매일 전화해서 '오늘 전도하셨습니까?' 물어보아 달라는 분 손 한 번 들어보세요. 목사님이 그렇게 해주시면 꾸준히 전도하겠다 하는 분. 예 한 분 나왔습니다. 실례지만 어느 교회세요? 문자나 통화하면서 전도체질로 바뀌어지는 것입니다. 목사님 관심도 받고 사랑도 받고 얼마나 좋습니까?

여러분 자신이 나 자신을 믿지 못할 때가 종종 있습니다. 그렇지요. 그 때 도움을 요청하는 것입니다. 보니까 불안한 사람이 있는데 손을 안드시네. 여러분! 올해 말까지만 한 번 해보세요. 여러분의 영혼이 하나님의 기쁨으로 올해 마무리를 잘 할 것으로 생각합니다. 다 결정하셨죠. (아멘) 다음에 만나면 꼭 여쭤 볼 것입니다. 저 한테 '목사님 전화해주세요' 하는 분 손들어 보세요. 저도 전화해 드릴 수 있습니다. 어떻든 여러분이 협력을 해야 합니다. 전도는 혼자 잘 할 수 있는 게 아닙니다. 때로는 함께 붙잡고 가주어야 할 사람이 있어야 합니다. 혼자 가기는 어려운 분들이 있습니다. 협력, 연합하는 부분이 필요합니다.

6. 때가 된 사람은 예수님을 믿는다.

이게 무슨 이야기죠. 내가 아무리 전도해도 때가 되어야 예수 믿는다는 것입니다. 여러분이 억지로 해서 안됩니다. 또 어떤 분들은 그래요. '강권하여 끌고와서' 그런 전도만 하면 사람 죽습니다. 강권하여 데려오는 것도 가끔해야지. 여러분! 전도 해보 면 '예, 예' 하는 아이들이 있습니다. 그 아이들만 전도하세요. 싫어요 하는 아이들 쫓아다니면서 '니 왜 안나와, 니 죽을래, 니 지옥갈래' 이런 식으로 협박하면 안됩니다. 또 어떤 아이가 전도지 받고 '싫어요. 안 갈래요' 하면 '너 이리와봐. 몇 학년이야. 어른이 이야기 하는데 그 태도가 뭐야' 저도 한 때 그랬지만 이러는 선생님들 많습니다. 열 받아가지고 ' 오늘 전도 안 해' 집으로 가 버리고. 왜 그렇습니까? 억지 전도하기 때문입니다. 여러분 때가 된 사람은 예수 믿습니다.

사도행전 13장 48절에 "이방인들이 듣고 기뻐하여 하나님의 말씀을 찬송하며 영생을 주시기로 작정된 자는 다 믿더라" 구원을 받기로 작정된 자는 다 믿더라고 했습니다. 예수 믿을 아이들이 있습니다. 어제는 싫다했는데 오늘은 믿겠다 하는 아이들도 있습니다. 지난주에 전도했을 때 무반응이던 아이가 그 다음 주일 따라 온 아이가 있습니다. 그러므로 전도는 즐겁게 하셔야 합니다. 한꺼번에 뭔가 하려고 하지 말고 다음에 만나면 때가 된 아이가 있습니다.

여러분이 예수 믿은 그 때가 가장 좋은 때였습니다. 아마도 조금은 억울한 사람도 있을 것입니다. 왜 어릴 때 나를 예수 믿게 안 했나? 여러분이 예수 믿었던 그 때가 하나님이 예정하신 때였습니다. 그러니까 원망하지 마세요. 나도 초등학교 때 예수 믿고 모태신앙이었으면 좋겠는데. 그런데 그것은 하나님의 예정 속에 없었어요. 저는 20대에 폭싹 망해가지고 피를 토하면서 예수 믿도록 하나님의 시간표가 짜여져 있었어요. 그러니까 하나님이 나를 이렇게 쓰시는거예요. 그러므로 하나님의 예정 안에 정하신 때가 있다는 것입니다. 그것은 어린이도 꼭 같습니다. 여러분이 전도해보시면 몇 개월 째 만나는데 '싫어요' 하던 아이가 '선생님 나도 전도지 한 장 주세요' 하는 아이가 있습니다. 그러면서 '선생님 저 내일 교회 갑니다. 제 친구도 같이 가겠습니다.' 그러는 아이들이 있습니다. 무엇을 보여 줍니까? 매사에는 때가 있다는 이야기입니다. 예수님을 믿어야 할 사람은 때가 되면 다 믿는다는 것입니다.

여러분 가족전도도 마찬가지입니다. 제발 너무 서둘지 마세요. 가족 전도하다가 제 풀에 꺾이고 예수님 원망하는 사람 많습니다. 하나님이 작정기도 하라고 했습니까? 금식기도 하라고 했습니까? 실컷 작정기도, 금식기도 해놓고 가족구원 안 해준다고 삐지고. 금식기도 3일 한다고 가족구원 됩니까? 하나님이 정하신 때가 차야 합니다. 전도자가 꼭 알아야 할 것은 때가 있다는 것입니다. 학교 앞에 서보면 알잖아요. 진짜 때가 있습니다. 아무리 설교해도 못 알아 먹다가 어느 때가 되니까 말씀이 들어갈 때가 있습니다. 양육도 때가 있으므로 쉽게 포기하지 마시기 바랍니다.

갈라디아서 6장 9절에 "우리가 선을 행하되 낙심하지 말지니 피곤하지 아니하면 때가 이르매 거두리라" (아멘) 우리가 선을 행하는 것은 전도입니다. 전도하며 뭐하지 말라. 낙심하지 말라. 여러분 전도하다가 낙심하지 마세요. 그것 자체가 교만입니다. 왜 전도하다가 낙심하세요? 내가 전도하려고 하기 때문입니다. 전도는 하나님의 일입니다. 우리를 통한 하나님의 일이 전도입니다. 우리가 전적으로 할 수 있는 일이 아닙니다. 왜 낙심하세요? '나는 전도했는대요. 한 명도 열매가 없어요. 다시는 전도 안 할래요' 이 사람은 자신이 전도하려고 한 거예요. 하나님이 아직 역사 안 하신것이고 하나님의 때가 안 된 것입니다. 나는 전도의 씨를 뿌린 것으로 끝나면 됩니다. 그 일을 하게 하신 것으로 감사, 찬양, 할렐루야! 하면 됩니다. 그러므로 우리가 전도하다가 낙심하면 안됩니다. 믿습니까?

7. 옥토에 전도하라.

전도의 전략 중의 전략이 길가 밭, 돌짝밭, 가시떨기 밭이 아니라 옥토입니다. 우리가 옥토전도하면 몇 배의 열매를 맺나요? 30배, 60배, 100배입니다. 지금 옥토인 다음세대 전도를 꾸준히 하는 교회는 최소한 몇 배입니까? 10배는 하잖아요. 재적으로 따지면 10배 한 데가 있습니다. 올 해 우리교회도 대략 1000명이 왔습니다. 왔다가고 때가되면 또 옵니다. 아이들이 가면 어디 가겠습니까? 왔다 갔다 하다가 언젠가는 눌러 앉습니다. 지난 주에 40여명. 이번주도 추석주간인데 몇 명이 왔습니다. 추석주간은 목양교사운동 안 했으면 교사도 많이 빠지고 학생들도 많이 빠졌을 건데 너무너무 감사한 거예요. 교사가 거의 90% 나왔어요. 그리고 학생들도 평소와 큰 차이 없이 왔어요. 얼마나 감사한지. 추석 때가 되면 나 청년 때 다닌 우리교회는 2~4명 왔어요. 부장님하고 교사인 나하고 부장님 아들 딸하고. 그 때 예배드리면서 마음으로 많이 울었습니다. '야! 이게 뭐냐. 추석이' 주일학교 예배가 너무 외로웠습니다. 우리교회는 이번에 강조 안 했습니다. 시골에 가실 분들은 가시고 알아서 하십시오. 그런데 한 번의 잘못된 판단으로 주일을 학생들이 맘대로 빠질 수 있다. 뺑 돌려서 제가 협박 한 번 했습니다. 입구에서 안내하고 성경공부를 8시 30분에 하는데 평소에 오는 아이들은 다 왔습니다. 오면서 요 아이들이 '목사님! 어제 제사에 절 안 했습니다.' 아버지가 끌어 당기는데요. 제가 싫다고 절 안 했어요. 간증을 하는 거예요. 이것이 목양교사운동 하는 교회에 변하지 않는 영적 분위기이고 은혜라고 생각합니다. 여러분! 옥토에 전도하면 10배 열매를 맺습니다.

우리교회는 이 사역 시작 전에는 재적과 출석수가 거의 비슷했습니다. 재적은 90명 출석은 50~60명 선이었습니다. 그때 비하면 지금은 10배가 됐죠. 우리가 재적을 몇 번 정리했는데 10배입니다. 사실 몇 번 정리해서 교사들이 올린 재적이 850~900명입니다. 재적정리하면 안 되는데 몇 번 했습니다. 원적은 교사들이 따로 갖고 있습니다. 어디에 전도했기 때문에 10배 부흥했습니까? 옥토. 교회전체 크기도 10배 부흥했습니다.

여러분! 하나님은 전도에 뭘 요구하시죠. 열매를 요구하십니다. 허공을 치는 전도하면 안됩니다. 열매 있는 전도를 하셔야 합니다. 전도 해 보신 분들이 아시겠지만 어디에다 전도해야 열매가 많습니까? 주일학교입니다. 틀림없습니다. 그러다가 저희 중고등부가 지난 10년 동안 30명을 못 넘었습니다. 어려웠습니다. 30명이 마의 숫자이고 여리고 장벽이었습니다. 전도사님을 맡겨도 부목사님을 맡겨도 때로 담임목사가 6개월 동안 들어갔어요. 분위기 바꾸려고. 하지만 너무너무 힘들었어요. 지금 그 30명 학생들이 현재 청년부에 있어요. 그러던 중고등부가 목양교사운동을 하니까요. 지금은 5배 부흥한 거 같아요. 하나님이 옥토전도 하니까 부흥을 시켜주시더라고요.

우리가 이 사역을 한지는 약 12년 되었습니다. 만일에 그 전처럼 전도하고 했으면 어른이 조금은 더 부흥했을지 몰라요. 그런데 전체적으로는 큰 변화가 없었을거라 생각합니다. 옥토 전도입니다. 주님은 옥토에다가 뿌리라 했습니다.

여러분! 옥토라 믿는 그곳에다가 전도해야 돼요. 그곳이 어른이라면 어른전도 해야 할 것이고 어디든 간에 저는 옥토전도 해야 된다고 생각합니다.

옥토전도는 두 가지 의미가 있습니다. 하나는 새신자. 그러니까 예수 모르는 모든 사람은 옥토입니다. 또 하나 연령층으로 보면 다음세대다 그렇게 봅니다. 왜냐하면 성경공부를 해보면 알게 됩니다. 5학년 보다 4학년, 4학년 보다 3학년, 3학년 보다 2학년, 2학년 보다 1학년, 1학년 보다 일곱 살. 학년이 낮고 나이가 어릴수록 더 잘 받아들입니다. 최근에 7세 중보기도팀에 우리 집사님 딸이 4살인데 들어갔습니다. 스스로 들어가고 싶다하여 들여 보냈습니다. 실은 그 아이가 뭘 알겠습니까? 그런데 언니 오빠들이 하는 것을 그 아이가 다니면서 봤습니다. 누가 중보기도를 가르쳐 주지도 않았습니다. 그런데 본대로 합니다. 손 번쩍 들고요. "주여!" 주여 3창에 무슨

제자훈련이 필요합니까? 그런데요 주여 3창이 어른전도해서 하라면 할까요. 안합니다. 잘 안합니다. 주여 3창 하려면 주의 성령 불이 열 번은 떨어져야 합니다. 아무나 할 수 있는 주여 3창이 아닙니다. 그런데 주일학생들은 나이가 어리지만 들어가서 하라면 '주여! 주여!' 하면서 잘 합니다. 이게 무슨 이야기냐? 그만큼 잘 받아들인다는 것입니다. 어릴수록 그 마음이 옥토입니다. 예수님은 옥토에 전도하라고 했습니다. 전도전략은 옥토전도 해야 합니다.

그러나 모든 전도전략이 길가, 돌짝 밭을 어떻게 부술 것이냐에 맞추어져 있습니다. 이슬비 전도편지가 그렇습니다. 편지를 10번 보냅니다. 저희는 2천통씩 보냈는데 돈이 너무들어 원본 가져다가 인쇄소에 2백 만원 어치 인쇄했습니다. 한때는 저도 불법을 많이했습니다. 온누리 1:1 양육이다 싶어서 그 교재를 수천 권 만들었습니다. 지금은 창고에 고스란히 쌓여있습니다. 나름대로 해보려고 열심히 했습니다. 그런데 그게 다 옥토가 아니었습니다. 이슬비 2천통 하다가 죽다 살아났습니다. 우표 값이 만만치 않아요. 이전에 우리교회는 옥토전도가 아니었습니다. 거의 돌짝 밭, 길가 밭 전도였습니다. 우리교회 어느 집사님은 지나가는 아저씨 앞에 무릎 꿇고 발잡고 ‘아저씨! 예수 믿어야 합니다.’ 이게 무슨 옥토전도 입니까? 그것은 한 맺힌 전도입니다. 길가던 아저씨가 기가 막히잖아요. ‘알았어요. 알았어’ 그 다음 주에 교회 나와야 하잖아요. 그런데 안와요. 하도 불쌍해서 알았다 이야기 한 것이지. 그 이후 교회 안 옵니다. 우리는 지금까지 그런 전도를 해오다 보니까 전도가 너무 두려워졌습니다.

　여러분! 전도할 때 메시지가 쑥쑥 들어가면 얼마나 재미있겠습니까? 전도가 어렵다는 말은 성경적이 아닙니다. 전도는 예수님께서 ‘하라’ 는 말 보다는 ‘되리라’ ‘하리라’ 는 표현을 더 많이 쓰셨습니다. 되어지는 이야기를 하고 있습니다. 그 속에만 들어가면. 무슨 말입니까? 옥토전도 해야 한다는 것입니다. 길가와 돌짝 밭은 여러분 만만치 않습니다.

　그래서 7가지.

목양교사의 전도 7계명.

첫째. 전도에 미쳐라.

둘째. 전도가 하나님의 소원임을 알라.

셋째. 내가 사는 목적이 전도임을 고백하라.

넷째. 전도는 성령의 능력으로만 가능하다.

다섯째. 전도는 지속성이 중요하다.

여섯째. 때가 된 사람은 예수님을 믿는다.

일곱째. 옥토에 전도하라.

기도하겠습니다.

우리가 이 말씀 붙잡고 3분 동안 주여 3번 외치고 기도하겠습니다. 전도 할 수 있도록 기도합시다.

목양교사의 전도전략

1. 매일 주중 전도.

학교 앞에서 같은 시간에 매일 전도합니다. 함께 연합하여 꾸준히 하다보면 전도의 문이 열립니다. 집에 있는 사람은 모두 전도에 동참을 시켜야 합니다. 어른을 전도하라면 부담을 가지지만 어린이 전도는 부담을 가지지 않습니다. 몇 개월 하다보면 전도에 자신감이 붙어 누구든지 전도를 잘하게 됩니다.

2. 토요일 학교 앞 전도.

매주 토요일 마다 자기 지역 학교 앞에 가서 전도 합니다. 예수님 마음으로 하는 전도 외에 다른 방법을 사용하지 않습니다.

3. 지역 전도.

심방을 가다가 그 지역을 전도하는 것입니다. 가장 효과가 좋습니다.

4. 총동원 전도축제.

처음 목양 사역을 시작할 때 하는 것이 좋습니다. 그리고 1년에 두 차례 정도 실시 하는 것이 좋습니다. 부모 초청전도(Famaily Festival, 일명 F2)도 1년에 한 차례는 하는 것이 좋습니다.

5. 영접 훈련.

전도 훈련을 받고 영접정도는 준비하는 것이 좋습니다. 영접을 시켜야 자신의 목양사역에 도움이 됩니다.

〈3분 목양 복음제시〉

"야! 친구야 멋있다." 너는 예수님만 믿으면 세계적인 리더다.

하나님은 너를 세계를 다스리고 정복할 사람으로 만들었다. (창 1:27,28)

"하나님이 자기 형상 곧 하나님의 형상대로 사람을 창조하시되 남자와 여자를 창조하시고 하나님이 그들에게 복을 주시며 그들에게 이르시되 생육하고 번성하여 땅에 충만하라, 땅을 정복하라 바다의 고기와 공중의 새와 땅에 움직이는 모든 생물을 다스리라 하시니라"

하나님은 우리가 행복하게 세계를 정복하고 다스리며 살 권리를 주셨다. 물고기는 물에 있어야 행복하고 나무는 흙에 있어야 행복하게 만들어놓았다.

사람은 하나님과 함께 있을 때 행복하게 세계적인 리더가 되게 하셨다.

그런데 창 3장에 보면 마귀가 인간에게 찾아 와서 하나님을 떠나고 저주받고 불행하도록 죄를 짓게 하였다. 하나님께서 먹지 말라고 한 선악과를 먹고 하나님을 떠나게 되었다.

그때부터 물고기가 물을 떠나면 죽듯이 인간에게 죽음이 왔고 질병이 왔고 고난이 찾아왔다.

그런데 - 요 3장 16절 "하나님이 세상을 이처럼 사랑하사 독생자를 주셨으니 이는 저를 믿는 자마다 멸망하지 않고 영생을 얻게 하려 하심이니라" 하나님은 인간을 사랑하시어 예수님을 보내시어 우리 죄를 위하여 십자가에서 죽으시고 3일 만에 다시 살아나심으로 우리에게 구원을 주셨다.

누구든지 예수님을 믿으면 하나님을 만나고 행복하게 세계적인 리더가 된다.

요 1장 12절 "영접 하는 자 곧 그 이름을 믿는 자에게는 하나님의 자녀가 되는 권세를 주셨다." 라고 말씀하셨다. 하나님의 자녀 권세는 세계를 정복하고 다스리는 것이란다. 지금 예수님을 믿으면 친구는 세계적인 리더가 되고 하나님이 늘 함께 하신다.

(영접기도)
주 예수님, 지금까지는 제가 원하는 대로 살았지만 예수님께서 나의 죄를 위해 십자가에서 죽으시고 3일 만에 부활하신 사실을 믿습니다. 지금 내 마음의 문을 열고 예수님을 나의 구주, 나의 구세주로 영접합니다. 나의 죄를 용서해주시고 구원해 주셔서 감사합니다. 이제 나를 다스려 주시고 세계적인 지도자의 축복을 받을 수 있도록 도와주세요. 하나님의 자녀가 되게 해 주셔서 감사합니다. 예수님의 이름으로 기도합니다. -아멘-

(축복기도)

목양교사의 전도 7계명 강의안

1. 전도에 미쳐라.

1) 막 1:38/ 우리가 가까운 다른 마을들로 가자 거기서도 전도하리니 내가 이를 위해 왔노라.

2) 행 8:4-8. 26-40/ 빌립집사

3) 행 9:20/ 즉시로 각 회당에서 예수가 하나님의 아들이심을 전파하니

4) 행 14:19-21/ 돌에 맞아 죽은 줄 알았는데 이틀 지나 전도.

2. 전도가 하나님의 소원임을 알아라.

1) 요 3:16/ 하나님이 세상을 이처럼 사랑하사 독생자를 주셨으니 이는 저를 믿는 자마다 멸망 치 않고 영생을 얻게 하려 하심이니라.

2) 롬 3:23/ 모든 사람이 죄를 범하였으매 하나님의 영광에 이르지 못하더니.

3) 롬 5:8/ 우리가 아직 죄인 되었을 때에 그리스도께서 우리를 위하여 죽으심으로 하나님께서 우리에게 대한 자기의 사랑을 확증하셨느니라.

4) 딤전 2:4/ 하나님은 모든 사람이 구원을 받으며 진리를
   아는데 이르기를 원하시느니라.

3. 내가 사는 목적이 전도임을 고백하라.

1) 행 9:15/ 이 사람은 내 이름을 이방인과 임금들과 이스라
   엘 자손들 앞에 전하기 위한 나의 그릇이라.
2) 마 4:19/ 나를 따라 오너라 내가 너희로 사람을 낚는 어
   부가 되게 하리라.
3) 고전 10:31/ 너희가 먹든지 마시든지 무엇을 하든지 다
   하나님의 영광을 위하여 하라.

4. 전도는 성령의 능력으로만 가능하다

1) 눅 4:18-19/ 예수님도 주의성령이 임하여 가나한자 병든
   자 눌린 자 갇힌 자에게 전도.
2) 행 1:8/ 성령의 권능을 받고 증인되리라고 하였다.
3)행 13:1-3/ 성령의 인도로 선교가 시작되었다.

5. 전도는 지속성이 중요하다.

1) 행 5:42/ 저희가 날마다 성전에 있든지 집에 있든지 예수
   는 그리스도라 가르치기와 전도 하기를 쉬지 아니하리
   라.
2) 행 14:7/ 거기서 복음을 전하니라.
3) 행 19:8/ 바울이 회당에 들어가 석달 동안을 담대히 하나

님 나라에 대하여 강론하며 권면하되.

6. 때가 된 사람은 예수님을 믿는다.

1) 행 13:48/ 이방인들이 듣고 기뻐하여 하나님의 말씀을 찬송하며 영생을 주시기로 작정 된 자는 다 믿더라.

2) 갈 6:9/ 우리가 선을 행하되 낙심하지 말찌니 피곤하지 않으면 때가 이르매 거두리라.

7. 옥토에 전도하라.

1) 마 13:1-9/ 주님의 뜻이다. 100배 열매를 맺는다.

2) 신 6:7/ 어릴수록 마음이 옥토다.

목양교사의 양육 7계명

주제성구 : 갈라디아서 4장 19절.

나의 자녀들아 너희 속에 그리스도의 형상이 이루기까지 다시 너희를 위
하여 해산하는 수고를 하노니

① 하나님의 최초의 명령이다.
② 예수님의 마지막 명령이다.
③ 훈련 받지 않고는 온전히 성장
   하지 못한다.
④ 한 명에게 먼저 집중하라.
⑤ 오직 말씀과 기도로 양육하라.
⑥ 리더로 지도자로 양육하라.
⑦ 목숨을 걸고 양육하라.

양육이 전략이다

창세기 1장 28절 이 말씀에 승부수를 띄우시기 바랍니다. "하나님이 그들에게 복을 주시며 그들에게 이르시되 생육하고 번성하여 땅에 충만하라, 땅을 정복하라, 바다의 고기와 공중의 새와 땅에 움직이는 모든 생물을 다스리라 하시니라" 이 말씀은 하나님이 주신 최초의 말씀입니다. 생육하며 뭐하라? 번성하라. 달리 말하면 목양하라 하셨습니다. 여러분! 인생의 승부수를 목양에 던지시기 바랍니다. (아멘). 그 때 놀라운 이적과 기적이 일어납니다. 아무리 힘들고 어려워도 중간에 목양교사 놓지 마시고 0 (빵)반 하더라도 계속하세요. 제가 들어보니 0(빵)반의 간증도 은혜가 있습니다. 교사가 나와 이야기하기를 빵 반이 자기한테 은혜래요. 왜냐하면 첫째 본인이 게으르대요. 0반 하면서 게으름을 발견했답니다. 두번째 집중력이 없는 것을 발견했답니다. 이 두 가지가 있는 학생들은 공부 못하는 아이들입니다. 좀 게으르고 집중력 없으면.

그리고 하나는 교만을 발견했대요. 부흥이 되서 밀려들어오면 다 영혼을 죽일까봐. 아주 좋은 걸 발견했습니다. 우리 예수님 안에 있는 사람은 0반을 해도 다 은혜가 있습니다. 예~. 0반들 힘내시기 바랍니다. 왜냐하면 깨달으면 은혜 아니겠습니까. 깨닫고 부흥이 돼야 하는데 언제 될려나 모르죠.

여러분! 목양교사. 생육하고 번성하는 목양에 우리 승부수를 걸어야 하는데, 사람들은 나름대로의 많은 인생에 승부수를 걸라 합니다. 그런데 이 땅의 어떤 것에 인생 승부수를 걸면 그것이 응답되는 날, 우울증에 빠집니다. 그것이 성취되는 날, 우울증에 빠져버립니다. 여러분이 세상 어떤 것에 승부수를 던져도 성공할 수가 없습니다. 성공했을 때 더 큰 위기가 있습니다. 그러나 목양교사, 목양에 승부수를 던지면 여러분에게 정복과 다스림의 권세가 나타날 줄로 믿습니다. (할렐루야!) 목양에 승부수를 던진 여러분을 축하합니다. 주의 이름으로 축복합니다.

목양교사의 축복은 우리 하나님이 인간에게 최초로 주신 복이고, 우리 예수님이 최후에 주신 축복입니다. 축복의 알파와 오메가입니다. 그러므로 성경의 모든 복은 목양교사의 복입니다. 목양교사 할 때 그 축복을 받습니다. 그러니 마귀가 이 복을 받지 못하도록 얼마나 방해 하겠습니까? 여러분 꼭 기억하십시요. 나는 어떤 일이 있어도 교사를 그만두지 않겠다.

안되면 직장을 그만두고, 도저히 안되면 학교를 그만두고, 도저히 안되면 가정을 꽉 (그 다음은 말 안했습니다) 그럴 때 마귀가 우리 가정을 건드리지 못합니다. 학업을 방해하지 못하고 직장을 방해하지 못하고 건드리다가 자기가 먼저 도망 갑니다. 그런데 마귀가 조금만 건드리면 '교사 그만둘까?' 자꾸 이런 생각을 하니까 계속 치고 들어오는 것입니다. 여러분. 100명이 되고 200명이 되어 힘들더라도 교사는 계속하시고 0반이라도 계속하시고, 혹시 여러분 몸이 아파도, 교사는 계속하시고. 어떤 일이 있어도 죽음 하루 전까지 교사 하시기를 주의 이름으로 축복합니다. (아멘) 이것이 우리의 살 길입니다. 우리 민족의 살 길, 우리 교회가 살 길, 여러분 개인이 살 길, 목양! 다른 어떤 것으로도 사단을 이길 수 없습니다. 절대로 다른 어떤 것으로도 사단을 이길 수 없습니다. 생육하고 번성하고 땅에 충만해야 우리는 사단을 이길 수가 있습니다.

목양의 영성이 임하기 이전의 우리교회, 간증하는 권사님. 전에는 구역이 모이면 예배 후에 목사님과 사모님의 좋은 이야기와 나쁜 이야기를 비빔밥해서 먹더라. 그때부터 부담스러워 나는 구역예배 안 가야 되겠다 생각했대요. 은혜가 안 되고 자꾸 갈등이 오니까. 좋은 교회, 건강한 교회인 줄 알았는데 시기, 모함, 질투하는 모습을 보면서 너무너무 힘들었데요. 그때부터 교인들 사이에 거리를 두고 살았데요. 교회를 떠나고 싶은 갈등이 계속 있었데요. 그러니 얼마나 사단에게 속아 살았겠습니까? 성도들로부터 상처받고, 주의 종으로부터 상처 받고, 교회로부터 상처 받고 끊임없이 상처를 받으면서 울지 말아야 될 눈물을 많이 흘리면서 살았어요. 그러던 어느 날 목양의 영성이 찾아왔습니다. 지금, 살펴보니까 너무 큰 차이가 있는거예요. 여러분과 저희 교회가 살 길은 목양밖에 없습니다. 다른 걸로 이길 수가 없어요. 목양을 해서 목사님과 하나 되고, 목양을 해서 예수님과 하나 되고, 목양을 해서 강대상이 새로워 보이고, 목양을 해서 교회가 새롭게 보일 때만이 영적전쟁에 이길 수 있습니다. 어떤 사건만 터지면 '요 사탄이', 어떤 일만 터지면 '요 마귀가 미혹하는구나', 어떤 일만 터지면 '기도해야지' 해야 하는데, 어떤 일만 터지면 '목사님이 나를 미워하나', 어떤 일만 터지면 '권사님이 나를 미워하나' 어떤 일만 터지면 '저것들이 나를 욕하는구나' 이런 식으로 해석이 되니까 교회가 어떻게 은혜가 되겠습니까. 교회가 천국이 아니고 완전 지옥이라. 교회가 사랑이 아니고 미움이라. 그 무슨 전도하고 싶겠어요. 전도해서 데려오면 그 사람도 똑같이 시험 당할건 데. 그래서 부흥이 안 되는거예요. 그러니 가정은 더 어렵습니다. 가정은 영적으로 더 어렵습니다. 한국에 이런 교회가 너무 많습니다. 이런 성도가 너무 많습니다. 이 모든 것을 목양으로 회복하는 운동이 목양교사운동입니다.

여러분 한 사람이 목양교사해서 혼자 복 받는 게 아니고, 교회가 겸하여 복을 받습니다. 여러분이 복 받는 건 당연하고. 목사님이 여러분 때문에 더 많은 복을 받습니다. 교회에 부흥이 일어납니다. 마귀가 그 도시에서 여러분 교회를 보면서 벌벌 떱니다. 그 때 여러분 교회는 밖으로 영향력을 발휘하는 거예요. 우리 교회는 어느 면에서 보면 큰 교회가 아닙니다. 그런데 우리 교회는 한국에 영향력을 미치고 있습니다. 저는 제가 아니라하고 싶어도 맞는 거예요. 저는 아니다하고 싶지만 그게 교만이죠. 아니다 할 수 없죠. 안디옥교회 처럼. 왜 그렇습니까? 목양으로 안에 충만하니까. 화장실에 가도 목양, 식당에 가도 목양, 앉아 있어도 목양, 어린이를 만나도 목양. 처음에는 어떤 분이 우리교회는 목양 말고는 할 이야기가 없습니까? 그러더라구요. 할 말이 없는데 우야노 하니까. 그냥 듣자 했습니다. 그런데 이 청년이 시간마다 나와서 졸았습니다. 나한테 살짝 고백하더라고요. '오늘도 목양 이야기 하시겠죠' 금요일 날, 초창기에 목양제자학교를 했습니다. 듣다가 듣다가 들을 게 없으면 이거라도 들어보자 하는 마음이 들었습니다. 그러던 어느 날 목양의 영성이 쏙 들어 왔습니다.그 때부터 금요일마다 똑같은 이야기인데 다르게 들리더라는거예요. 똑같은 말인데 자기의 영적 상태에 따라 달리 들리더랍니다. 여러분! 밥이 똑같은데 자기의 몸 상태에 따라 각기 다릅니다. 속이 부글부글 끓을 때에는 않좋구요. 배가 고플 때는 맛있고. 밥은 똑같은 밥입니다. 똑같은 김치인데 지난 주간 담은 김치를 남편이 김치가 왜 이리짜냐 합니다. 어제는 잘 먹어 놓고는. 지금의 마음상태는 어디서 소금을 한줌 얻어 먹고 온거요. 똑같은 상황에 김치는 변함이 없어요. 자기 몸 상태에 따라 입맛이 달라집니다. 그러면 어느 날 목양에 뭐가 있구나. 진국이구나. 그러다 어느 날, 그 자매가 뭐라 하느냐. '목사님, 내 꿈을 버렸습니다.' 저보고 하나님이 내 꿈 버리면, 하나님의 꿈을 잡고 살면 하나님이 자기를 쓴대요. 다른 청년들도 잘 합니다만 보니까 추수감사절 헌금을 그 청년이 100만원 했습니다. 역시 목양이 들어가야 헌금도 100만원 하더라구요. 그런데 중간에서 왔다갔다 하면 50만원 짜리가 됩니다. 저에게 큰 감사가 있었습니다. 사실 아가씨가 100만원 헌금하기가 쉽지 않습니다. 목양의 영성이 들어가니까 헌금을 하는 것입니다.

여러분! 목양 이야기를 마귀가 싫어합니다. 굉장히 싫어합니다. 목양이 뭡니까? 사람을 키우는 거잖아요. 목양은 내가 죽고 한 명을 세우는 것입니다. 나는 죽고 한 사람을 세우는 게 목양입니다. 이걸 마귀가 싫어합니다. 굉장히 마귀가 싫어합니다. 그냥 니 죽지 말고 한 사람 세우지 말아라 합니다. 대충대충 해라 이말입니다. 그러니까 하는 사람도 망하고 제자들도 망합니다. 신앙이 깊이 들어가지 못하도록 마귀가 방해합니다. 여러분! 목양교사만이 우리의 살 길입니다. 서로 축복합시다. 목양교사만이 우리의 살 길입니다.

여러분의 살 길이 하나 더 있습니다. 목사님과 하나 되는 게 살 길입니다. (아멘) 그런데 목사님과 하나 되는 것은 인간적으로 절대 못합니다. 여러분! 밥을 사줘보세요. 옷을 사줘보세요. 자동차를 뽑아줘 보세요. 그것가지고 목사님과 하나가 안됩니다. 무얼해야 하나가 됩니까? 목양을 해야 하나가 될 수 있습니다. 다른 것으로는 절대 하나가 될 수 없습니다. 예수님과 하나 되는 게 살 길입니다. 예수님도 목양하셨습니다. '내 어린양을 먹이라. 내 양을 치라. 내 양을 먹이라' 목양을 해야 예수님과 하나가 됩니다. 그때 여러분의 삶은 하나님의 축복 속으로 들어가고 여러분이 승부수를 건 인생의 현장 속에서 하나님이 역사하시고 최고의 지도자로 여러분 가정과 가문과 교회를 축복하실 줄로 믿습니다. (아멘) 그러니까 여러분이 다른 걸로 승리하려 하지 말고 목양에 성공해야 합니다. 다른 걸로 성공하려고 몸부림치지 마세요. 목양교사 성공하면, 다른 일도 다 성공합니다.

목양교사 성공했는지는 어떻게 알 수 있습니까? 10명의 목양제자를 만들어야 합니다. 10명의 제자를 세워야 합니다. 여러분이 10명의 제자를 세우는 날. 여러분이 세계중심에 설 줄로 믿습니다. 10명의 제자를 양육한 날. 여러분이 세계 중심에 설 줄로 믿습니다. (아멘) 제자 10명 양육 10명만 하면, 세계 중심에 딱 서있습니다. 그만큼 중요합니다. (할렐루야) 공부를 잘하는 사람은 그 날 학교의 시간표를 잘 압니다. 공부를 못하는 아이들은 '선생님! 저 깜빡했어요' 하지만 공부를 잘하는 사람은 내일, 영어, 수학, 훤히 꿰고 있습니다. 기억을 잘하고 준비를 잘해요. (시간표도, 과목도) 여러분 시간표가 중요합니다. 여러분 복 받는 시간표가 있습니다. (아멘) 지금 하나님의 엄청난 복으로 들어가는 시간표가 있습니다. 그게 뭔줄 아세요. 따라합시다. "다음세대" 왜 다음세대 인 줄 아세요? 다음 세대는 하나님의 아픔입니다. 왜? 교회 안에 다음세대가 지금 다 떠나버렸습니다. 있는 다음세대는 그나마 영적으로 다 굶주려 있습니다. 기도 하나 제대로 할 줄 모릅니다. 예배 하나 제대로 드릴 줄 모르고, 헌금 하나 제대로 드릴 줄 모르고, 아이들이 제대로 할 수 있는 게 없습니다. 그러므로 이 시대 하나님의 아픔이 뭐냐? 다음세대입니다. 교회 안에 하나님의 아픔을 어루만져 드려야 합니다. 다음세대를 일으

키므로 하나님의 아픔을 교회가 어루만져 드려야 합니다. 저가 가끔 이야기 하지만 어른 부흥하지 말자는 게 아닙니다. 한국교회 어른 부흥이 적은 게 아니예요. 어른 숫자 부흥이 작게 된 게 아닙니다. 우리가 어른 부흥하지 말자는 게 결코 아닙니다. 어른 부흥에 매달리는 에너지를 조금만 다음세대로 내려와서 어른과 다음세대가 1:1로 부흥해야 되지 않겠습니까? 그리고 우리 어른들이 천국 가고 나서 한국교회가 더 부흥돼야 하지 않겠습니까? 지금 이 모습으로 30년 4~50년 지나 우리 1세대가 천국가고 나면, 우리 교회가 텅텅비는 이런 현상이 일어날 수 있습니다. 우리 하나님 아버지의 마음. 하나님의 엄청난 축복으로 들어가는 이 시대의 시간표는 다음세대입니다. 이걸 모르고 교회들이 자꾸 (복지사업 하는 사람들이 욕할지 몰라요. 그것 하지 말자는 게 결코 아닙니다). 어른신들 모아놓고 삼계탕 드리지 말자는 얘기가 아닙니다. 왜 어린이는 삼계탕 안 줍니까? 그죠. 어른들은 모아놓고 삼계탕 드리고, 왜 어린이는 삼계탕을 안 주나요. 어떤 교회는 500명 모아놓고 삼계탕 대접하데요. 돈이 500~600만원 들어요. 물론 효가 중요합니다. 그런데 여러분 효 못지않게 중요한 게 가문의 다음세대를 세우는 겁니다. 가문의 대를 잇지 못하면 무슨 효가 있을 수 있겠습니까?

한국교회가 하나님의 아픔이 어딘지. 지금 복 받는 하나님의 시간표가 있습니다. 복 받는 시간표는 국어, 영어, 수학이 아닙니다. 복 받는 시간표는 다음세대입니다. 복 받는 시간표는 목양교사입니다. (할렐루야) 목양교사가 다음세대를 살리는 사역 아니겠습니까? 한국교회가 다음세대를 안 살리면 하나님은 한국교회를 내리치실 것입니다. 지금 얻어 맞은 교회가 많습니다. 큰 교회들, 1만 명이 모이고 2만 명이 모이면 어쩌자는 것입니까? 다음세대가 1/10도 안됩니다. 하나님이 그 교회를 그만 내버려 둡니까? 1만명, 5천명 모이는 성전을 앞으로 어쩌자는 것입니까? 수백억 들여 예배당 지어 놓은 걸 앞으로 어떻게 합니까? 은퇴 앞둔 목사님과 성도들이 그걸 어떻게 합니까? 과연 여러분, 예배당을 크게 짓는 게 중요한 게 아니고, 거기 누가 앉아 있느냐가 중요합니다. 50년 뒤 30년 뒤를 내다보는 영적지각이 있어야 합니다. 그 나라의 교회를 가보면, 한 시대를 볼 수 있다고 합니다. 교회학교를 보면 한국교회 미래를 알 수 있습니다. 이 자리에 온 여러분이 계시는 도시의 희망임을 믿습니다. 이 나라의 희망임을 믿습니다. 이 민족의 희망임을 믿습니다. 잘 오셨습니다. 여기 있는 게 복입니다. 여러분! 복 받으세요. 찬송가 500장 후렴. ‘기쁘고 기쁘도다 항상 기쁘도다 나 주께 왔사오니 복 주옵소서’ (할렐루야!) 복 받으세요. 목양교사 복 받으세요.

하기야 우리 주제에 뭔 사람을 키우는 복을 받겠습니까? 여러분 손에 지금 대통령을 맡겨 놓았는데. 여러분 손에 시장을 맡겨 놓았는데 (아무도 아멘 안 하잖아요. 안 믿어지니까) 여러분, 맡겨준 아이가 리어카 끌고, 행상하는 사람들로 보이시죠. 이런 믿음을 갖고 있으니 어떻게 하면 좋습니까? 여러분! 왕에게 기름을 부어야 돼요. 여러분! 여러분의 제자들을 왕으로 기름부으세요. 선지자로 기름 부으세요. 엘리사로 기름 부으세요. 여러분 믿음대로 됩니다. "하나님! 이 시대 위대한 지도자가 되게 하시옵소서" 우리의 손을 얹고 안수 기도해야 하지 않겠습니까? 여러분 자녀들을 왕으로 기름 부으세요. 여러분 자녀들을 엘리사로 기름 부으세요. (아멘) 여러분의 믿음대로 될 줄 믿습니다. 여러분! 교회 오는 아이들이 행복해야 될 것 아닙니까. 여러분 교회 오는 아이들이 정말 축복받아야 될 것 아닙니까. 우리 선생님들이 나왔다 안 나왔다 하니 그 아이들이 얼마나 혼란스럽겠어요. 과거에 그런 사람이 있으면 회개 하셔야 합니다. 날마다 한 다리 걸치고 교사할까 말까. 이런 사람 누굽니까? 보따리 싸서 농짝에 올려놓고 남편과 싸움하면 나가겠다 협박하는 사람입니다. 자식들 내버려두고 말입니다. 얼마나 한국교회 주일학생들이 불행한 줄 아십니까. 교회적으로도 어려운데 교사들마저 사명감이 없어서 어느 교회는, 한 반의 교사가 1년 동안 4번 바뀌었어요. 어떤 아이가 누가 우리 선생님인지 모릅니다. 스승의 날 꽃을 달아드려야 하는데 누가 우리 선생님인지를 몰라요. 이집사님, 박집사님, 선생님이 10명 정도 나와요. 그만큼 선생님이 자주 바뀌었다 이말입니다.

여러분! 하나님의 축복의 시간표가 어디입니까? 다음세대. 시간표를 잘 봐야합니다. 지금, 시간표는 어른이 아닙니다. 지금, 다음세대에게 가면 교회에 주는 복이 있습니다. 무슨 복을 주는 줄 아십니까? 교회로 꿈을 꾸게 합니다. 요즘 강단에 서면 계속 꿈 이야기가 나옵니다. 전에는 저 어른들 언제 변하겠나? 였습니다. 하지만 다음세대 사역하면 그 교회에 주신 축복이 무엇입니까? 하나님께서 하나님의 비전. 하나님의 꿈. 10년, 50년, 100년 앞의 메시지를 하나님은 던지게 하십니다. 창세기 3장에서 하나님은 어린 양을 잡아 죄지은 아담과 하와에게 가죽옷을 입혔습니다. 그리고 나서 뭐라 합니까? '여인의 후손이 와서 뱀의 머리를 박살낸다고 했습니다.' 그게 몇 년 앞을 보는 메시지입니까? 예수님이 이 땅에 오셔서 우리를 구원하는 메시지를 자그마치 4천년입니다. 보세요. 메시지 하나도 수 천 년을 앞에 보고 던지십니다.

여러분! 여러분 입술을 통하여 최소한 100년 200년 이상의 메시지가 나올 수 있기를 바랍니다. 먹고 사는 이야기 말고. 여러분이 그렇게 하나님께 사로잡히면 이 우주가, 이 지구가 여러분 안에 있을 것입니다. 다음세대 사역을 할 때 하나님 주시는 것은 비전이요, 꿈입니다. 지난 수요일 창세기 12장을 설교했습니다. 하나님이 인간을 만드시고 가장 먼저 준 축복은 꿈입니다. 하나님이 주시는 축복의 1단계는 꿈을 주십니다. 꿈을 제일 먼저 주십니다. 그리고 그 꿈을 만들어 가십니다. 꿈을 이루실 때 아브라함은 25년. 요셉은 13년 걸려서 꿈을 이루셨습니다. 여러분은 몇 년 걸립니까? 1년 만에. 지금 하나님이 바쁩니다. 지금은 여유 있는 때가 아닙니다. 급한 때입니다. 모든 초등학교를 다 잡아야 됩니다. 초등학교를 다 장악해야 해요. 중고등학교를 다 장악해야 돼요. 거기에 생육하고 번성하는 제자들을 학교마다 심어야 합니다. 내가 입학하는 저 학교를 위해 이제부터 기도해야지. 전도할 필요가 없고 일단 기도하는 것입니다. 교장 선생님, 담임선생님 놓고 계속 기도해라. 하나님이 문열어주실 때까지 계속 기도해라. 이런 제자를 지역 초, 중, 고등학교에 깔아야 합니다. 지금 6학년들 내년 중학교 갑니다. 훈련시켜 보내야 합니다. '나는 저 학교에 선교사로 간다. 학교 안에 선교지가 있다. 같은 교회 아이들끼리 기도회가 이루어지는 거예요' '선교사들의 기도 모임' 사람들이 보면 오해하니까 줄여서 '선기도' 어떻든 줄여야 해요. '겟세마네기도'도 겟마. 지금 다음세대 사역하면 잘 먹고 잘 살 수 있습니다. 안 믿어지시죠. 다음세대 사역하면 돈이 엄청나게 들 것 같습니다. 우리교회를 보세요. 얼마나 많은 교회들에게 영향력을 끼치고 있습니까? 가장 큰 복은 선한 영향력을 끼치는 것입니다. 모델이 되는 은혜예요. 축복의 모델 되세요.

가장 큰 복이 무엇입니까? 남에게 감동을 주는 것입니다. 감동. 76세 할아버지가 수능시험을 치루었습니다. 그것 보고 우리는 감동 받았잖아요. 76세 노인이 1년 만에 고입 대입 검정고시 다 치루고 그리고 수능시험을 친다. 그런걸 보면 얼마나 감동스러워요. 우리가 그렇게 살아야 합니다. 운전면허 시험을 86점 받았어요. 할아버지가 자신감을 얻어가지고 대학까지 도전했어요. 여기 우리 학생들 그 분 보면 정말 부끄러워해야 됩니다. 그러니까 우울하고 외로울 시간이 없답니다. 공부하다 보니까. 여러분 이왕 이 땅에 사는 것 감동을 주는 삶을 사세요. 제발 남들 기를 꺽거나 우울하게 만들지 말고. 인생 짜증나게 살지 마세요. 감동을 주는 삶. 우리 얼굴만 봐도 감동을 받고, 우리 얼굴만 봐도 힘을 얻고. (아멘) 야. 엄마 왔다 빨리 자자, 이래가지고 되겠습니까? 야. 엄마 왔다. (환영해야 하는데) 야. 엄마 왔다 조용히 하자, 빨리 자자 그러면 되겠습니까. 남편이 이리 말하면 무슨 감동을 받겠습니까? 가장 풍성한 삶은 목적 있는 삶인데, 감동을 주는 삶을 살아야 합니다. 목양교사하면 감동을 주는 삶을 삽니다. (아멘) 어떤 고3은 아버지에게 신장을 주고 시험을 제대로 못 쳤어요. 얼마나 감동이 됩니까? 우리 그리스도인은 감동을 주는 삶을 살아야 합니다.

우리 교회 때문에 부흥된 교회가 꽤 많습니다. 그 사람을 생각하면 감동을 받는 사람. 목양교사가 되면 그렇게 될 줄로 믿습니다. (할렐루야) 여러분 서로 축복합시다. '다음세대를 살립시다.' (아멘) 여러분은 축복의 시간표 속에 이미 들어왔습니다. (아멘) 다음세대 안 살리면 우리의 한국교회는 위기에 빠질 것입니다. 앞으로 향후 예언으로 받으셔야 합니다. '10년 안에 다음세대 사역하는 교회는 뜰 것이고, 다음세대를 무시하는 교회는 가라 앉을 것입니다.' 이건 예언입니다. 제 마음에 주신 감동입니다. 진짜. 사실이라니까요. 믿든가 말든가 진짜입니다. 여기 혹시 목사님이나 사역자가 오셨으면 잘 들으셔야 합니다. 지금의 다음세대는 선택이 아닙니다. 무조건적으로 해야 합니다. 지금요 교회들이 얼마나 텅비어가는데요. 노력해도 다음세대 사역이 만만치 않습니다. 그러니 대충해서 되겠습니까? 목숨 걸고 평생교사 되고 제자 삼는 교사가 되어야 이 사명을 감당하게 될 줄로 믿습니다. 이제 목양교사 양육 7계명을 하려고 합니다.

우리가 목양사역의 4가지 전략은 기도 전도 양육 심방인데 그 중에 양육 7계명입니다. 여러분 양육을 안 하면 여러분도 죽고 아이들도 죽습니다. 아이 낳아 놓고 안 먹이면, 먹여 살리지 않으면 그 아이만 굶어 죽는 게 아니고, 여러분 자신도 주변 아주머니들한테 아주 이상한 사람으로 취급 받습니다. '어이구 저 집에 둘째 낳더니 죽어 나가네' '어이구 저 집에 셋째 낳더니 못 먹여 죽어버렸네' '어이구 넷째 낳더니 또 장례식 치루네' 여러분 주위에 이런 소문나면 되겠습니까? 한 명을 낳아 건강하게 잘 키우는 이 양육이 중요합니다.
여러분 양육이 얼마나 중요합니까? 이 양육을 마귀가 가장 무서워합니다. 생육하고 번성하는 것. 양육을 마귀가 무서워합니다. 우리들의 다음세대가 성장하는 것을 마귀가 원하지 않습니다. 제자 되는 걸 원치 않습니다. '예수 믿되 적당히 믿으라' 이렇게 말하고 있습니다. 양육을 해야 영적전쟁에 승리하게 될 줄 믿습니다. 우리교회 경험을 보면 양육을 잘 하는 교사일수록 힘을 받아요. 그런데 막 바빠서 양육 안하는 교사가 있습니다. 우리 교회도. 주일 얼굴 보면 굉장히 피곤하게 보입니다. 그만큼 양육은 우리 사역에 굉장히 중요합니다. 목양교사는 양육에 승부수를 던져야 합니다. (아멘) 아무리 바빠도 다른 걸 제쳐 놓고 양육해야 합니다. 아무리 바빠도 따른 걸 제쳐 놓고 양육부터 해야 합니다. 양육 안하면 안됩니다.

목양교사의 양육 7계명을 하겠습니다.

1. 양육은 하나님의 최초의 명령이다.

창세기 1장 28절. "하나님이 그들에게 복을 주시며 그들에게 이르시되 생육하고 번성하여 땅에 충만하라, 땅을 정복하라, 바다의 고기와 공중의 새와 땅에 움직이는 모든 생물을 다스리라 하시니라" 양육은 하나님의 최초 명령입니다. 생육하고 번성하라.

신명기 6장 7절. "네 자녀에게 부지런히 가르치며 집에 앉았을 때에든지 길에 행할 때에든지 누웠을 때에든지 일어날 때에든지 이 말씀을 강론할 것이며" 네 자녀를 부지런히 (어떻게 하라) 가르치라 했습니다. 양육은 하나님의 명령입니다. 여러분! 교회에 목사님이 존재하는 이유 중에 하나가 무엇입니까? 가르치기 위해서입니다. 초대교회 사도들이 가르쳤듯이. 부모가 자식에게 해야 될 역할 중에 가장 중요한 역할이 뭐겠습니까? 교육입니다. 영육 간에 다 지식을 전달하는 게 부모의 의무 중의 의무요, 사명 중의 사명입니다. '아이를 낳아 놓고 니 알아서 커 봐라' 내버려 두어 보세요. 제대로 안 크죠. 〈오래 전에 신문 기사가 나왔습니다〉. 밀림에서 아이가 태어나자마자 짐승들하고 살았어요. 어릴 때부터 보통 아이는 '애~애' 하고 울잖아요. 그런데 이 아이는 울기를 '어흥' '어흥' 하고 우는 겁니다. 호랑이 소리를 하며 웁니다. 그 아이는 완전히 짐승입니다. 그런데 나중에 사람들 속에 따뜻한 사랑으로 대해 주니까. 싹 바뀌었습니다. 여러분 그 분위기 따라서 갑니다. 양육하는 대로 갑니다.

목양교사 운동하는 교회 아이들은 복 받았습니다. 진짜 복 받았어요. 어디가서 이렇게 큰 관심과 사랑을 받겠어요. 제가 볼 때는 교회가 크다 작다 문제가 아닙니다. 나에게 관심을 기울이고 나를 키우고자 힘쓰는 그 교회가 얼마나 감사합니까? 교회와 지도자가 관심을 가진 만큼 다음세대는 크게 되어

있습니다. (아멘) 양육이 얼마나 중요합니까? 양육은 하나님
이 주신 최초의 명령입니다.

2. 양육은 예수님의 마지막 명령이다.

마태복음 28장 18-20절. "예수께서 나아와 일러 가라사대
하늘과 땅의 모든 권세를 내게 주셨으니 그러므로 너희는 가
서 모든 족속으로 제자를 삼아 아버지와 아들과 성령의 이름
으로 세례를 주고 내가 너희에게 분부한 모든 것을 가르쳐 지
키게 하라 볼지어다 내가 세상 끝날까지 너희와 항상 함께 있
으리라 하시니라" 가서 모든 족속으로 가르쳐 지키게 하라.
제자 삼고.

요한복음 21장 15-17절. "저희가 조반 먹은 후에 예수께서
시몬 베드로에게 이르시되 요한의 아들 시몬아 네가 이 사람
들보다 나를 더 사랑하느냐 하시니 가로되 주여 그러하외다
내가 주를 사랑하는 줄 주께서 아시나이다 가라사대 내 어린
양을 먹이라 하시고 또 두번째 가라사대 요한의 아들 시몬아
네가 나를 사랑하느냐 하시니 가로되 주여 그러하외다 내가
주를 사랑하는 줄 주께서 아시나이다 가라사대 내 양을 치라
하시고 세번째 가라사대 요한의 아들 시몬아 네가 나를 사랑
하느냐 하시니 주께서 세번째 네가 나를 사랑하느냐 하시므

로 베드로가 근심하여 가로되 주여 모든 것을 아시오매 내가 주를 사랑하는 줄을 주께서 아시나이다 예수께서 가라사대 내 양을 먹이라" 네 어린 양을 먹이라. 내 양을 치라. 내 양을 먹이라. 양육은 예수님의 마지막 명령입니다. 명령. 하나님의 명령. 예수님의 명령. 그러면 교회가 다음세대 양육을 안 하면 어떻게 됩니까? 하나님의 심판이 임합니다. 어린이, 중, 고, 청년 다음세대를 양육하고 제자 삼아야 합니다. 그것이 하나님의 명령이요. 예수님의 명령입니다.

어릴 때부터 가르쳐주는 대로 자라는 것이 모든 이치입니다. 여러분 토마토나 식물을 온실에서 키워봅니다. 가지가 어떻게 묶어 놓았는가에 따라 뻗어나갑니다. 어릴 때 어떤 복음과 사상으로, 어떤 정신으로 키우는가에 따라 가는 겁니다.

3. 훈련받지 않고는 온전히 성장하지 않는다.

다른 말로 하면 양육 받지 않고는 성장하지 않는다. 양육을 통해 성장합니다. 저는 두 아들을 보면서 큰 아이는 양육보다는 자기 마음대로 성장했어요. 개척하다 보니 돌볼 시간이 솔직하게 없었습니다. 그 아이 4살에 개척했으니까요. 4살에 개척하면서 매일 선교원에 맡겨 놓았어요. 종일반. 선교원에 교역자 자녀는 공짜거든요. 요즘은 왜 그런 선교원이 없어졌을까요? 공짜로 하면 참 좋은데. 그때는 50%나 무료로 많이 해 줬습니다. 제가 볼 때는 교회마다 선교원운동이 다시 일어나야 한다고 생각합니다. 진짜 교회 예산의 몇 %를 투자해서 하는 날이 다시 와야 된다고 생각합니다. 지금 교회 안의 어린이집과 유치원 사역은 올바르지 못합니다. 정상적이지 않습니다. 하나님이 원하는 방향은 아니라 보고 있습니다. 우리 둘째 아이는 2살 때부터 전국목양교사 집회를 따라 다녔습니다. 3살 때부터 그랬나. 지금도 몇 살 때 어디갔는지를 꿰고 있어요. 2살 때 필리핀 단기 선교 가서 3번 비행기 탄적이 있습니다. 하나님은 아이들에게 특별한 우주적 능력(스물 몇 시간을 공중에서 잤어요)과 보호하심(몇 번 떨어져도 끄떡 없음)을 주셨습니다. 하나님이 다음세대를 보호하십니다. 부모들이 그렇게 죄짓고 속썩이지만, 하나님은 2세대를 보호하셨어요. 이스라엘. 1세대가 그렇게 속썩여도 하나님은 2세대 때문에 1세대를 용서하셨습니다.

여러분! 하나님이 여러분을 확 죽이고 싶어도 자녀들 때문에 봐주시잖아요. (인정 안하시죠) 집에 가거든 자녀들한테 '애야 고맙다. 너 때문에 내가 살고 있다.' 그래야 해요. 진짜. 따라합시다. "애야, 내가 너 때문에 살고 있다." 여러분 자녀들을 잘 키우셔야 해요. 아이들이 막 떠들잖아요. 주일학교 떠드는 아이들은 전부 열 받아서 그래요. "양육해 줘" 그 소리를 그렇게 하는 거예요. 의자 위에서 넘어 다니는 건 "나도 세계로 날아가고 싶어" 하는 표현입니다. 밑으로 기어 다닐 땐 "나도 기도하고 싶어" 하는 겁니다. 무슨 영감이 있어 깨달아야 할 건데 몽둥이 들고 야단만 치려고 하니까. 우리가 영안이 안 열리니까. "조용히 해, 떠들지 마" 이것만 자꾸하니까, 어린 아이 영이나 어른의 영이 다 똑같잖아요. 육은 다르지만요. 영적 세계는 다 같은 거예요. 얼마나 그 영이 갈급하겠습니까? 어린이도, 하나님의 형상 닮았는데 얼마나 갈급하겠어요. 그런데 거기다가 오락 집어넣고 과자 집어넣고 그래서 아이들이 지금, 열 받았어요. 열 받아서 뭐라 합니까? 교회 가서 완전히 훼방 놓아버려야겠다. "저 설교는 은혜가 안돼"하고 떠들어 버립니다. 우리가 그런 탄식의 소리. 그들의 고함치는 탄식의 소리를 들을 수 있어야 합니다. 여러분이 장년으로 교회에서 제자훈련 안 해주고, 양육 안 해주고, 문제 해결 잘 안되어지면 여러분 얼마나 열 받습니까? 교회는 다니지만 그러다가 가끔씩 헌금설교하면 사실은 열 많이 받습니다. 여러분은 문제해결이 돼야 은혜가 되잖아요. 영적으로 성장해야 은혜가 되잖아요. 우리 다음세대도 영혼이 자라야 합니다. 그러므로 양육하지 않고는 성장이 되지 않습니다.

에베소서 4장 11-12절. "그가 혹은 사도로, 혹은 선지자로, 혹은 복음 전하는 자로, 혹은 목사와 교사로 주셨으니 이는 성도를 온전케 하며 봉사의 일을 하게 하며 그리스도의 몸을 세우려 하심이라" 목사와 교사를 교회에 주셨는데 그들은 성도를 온전케 하고, 양육하기 위해서 주셨습니다.

신명기 6장 4-9절. "이스라엘아 들으라 우리 하나님 여호와는 오직 하나인 여호와시니 너는 마음을 다하고 성품을 다하고 힘을 다하여 네 하나님 여호와를 사랑하라. 날 내가 네게 명하는 이 말씀을 너는 마음에 새기고 네 자녀에게 부지런히 가르치며 집에 앉았을 때에든지 길에 행할 때에든지 누웠을 때에든지 일어날 때에든지 이 말씀을 강론할 것이며 너는 또 그것을 네 손목에 매어 기호를 삼으며 네 미간에 붙여 표를 삼고 또 네 집 문설주와 바깥 문에 기록할지니라" 네 자녀를 부지런히 가르치라고 했습니다.

디모데후서 2장 2절. "또 네가 많은 증인 앞에서 내게 들은 바를 충성된 사람들에게 부탁하라 저희가 또 다른 사람들을 가르칠 수 있으리라" 많은 증인들 앞에서 내게 들은 바를 또 다시 충성된 사람들에게 가르치라. 그러면 그들이 또 다른 사람을 가르칠 수 있다. 우리가 다음세대를 양육해야 그들이 또 다른 사람을 양육합니다. 이렇게 기독교의 역사가 이루어져 가는 것입니다. 믿음의 대가 이어져 가는 거예요. 믿음의 대는 양육으로 이어집니다. 믿음의 대는 불로 불로 이어가는 게 아닙니다. 믿음의 대는 가르치고 양육으로 이어집니다. 가르쳐 지키게 하라. 그런데 어른들은 열심히 배우고 다음세대는 안 가르치고 있습니다. 그 말은 엄마 아빠는 학사모 쓸려고 밤마다 공부하러 다니고. 아이들은 학원으로 어디로 내보내는 것입니다. 과자나 간식 사주면서, 이거 먹고 집에서 조용히 놀고 있어라. 육신의 부모도, 자기는 못 배우더라도 자식만큼은 훌륭하게 키우고 양육하고자 하는 마음이 있습니다. 그래야 우리 집안이 산다. 여러분은 조금 더디하더라도, 우리의 다음세대를 교회가 전략적으로 양육해야 합니다. (아멘) 전교인 장년부가 일어나서 다음세대를 양육해야 합니다. 이런 결단이 일어나야 됩니다. 이 사역을 하려면 교회가 1년은 결단해야 합니다. 욕들어 먹더라도, 양다리 걸치면 안됩니다. 우리가 지난 10년 20년 30년 얼마나 어른들에게 투자를 많이 했습니까? 회개하는 마음으로 진짜 회개하는 마음으로. 1년만이라도. 우리 다음세대들에게 모든 것을 쏟아 부어야 합니다. 그래야 하나님이 정상적으로 회복시켜 주십니다. 자꾸 양다리 걸치고 이러면 이것도 안 되고 저것도 안 되고 다 안됩니다.

우리교회는 어린이가 여러 명 왔습니다. 어른도 왔지만. 올해 어린이가 1천명 이상 왔어요. 여러분! 어른과 어린이는 동일하지 않습니까? 아마도 어른이 1천명 이상 우리교회 왔으면 난리 났을 겁니다. 나도 난리 났을 거 같아요. 어른이나 어린이나 하나님은 똑같이 봅니다. 성장하는 것은 양육의 원리입니다. 양육 없이는 성장하지 않습니다. 여기 교사 여러분 양육하셔야 합니다. 꼭 기억하세요. 공과만 가지고는 안됩니다. 다수로 모아 놓고 하는 공과만 가지고는 안됩니다. 1:1 양육을 해야 합니다. 맞춤식 양육. 성령님께서 직접 간섭하도록, 다수로 모아 놓고 하지 말고 1:1 양육. 공과만 갖고는 부족합니다. 주일날 하는 공과만 가지고는 부족해요. 1:1로 양육해야 합니다.

4. 양육은 한 명에게 먼저 집중하라.

양육은 한 명에게 먼저 집중해야 합니다. 일단 한 명에게 집중하면 또 한 명, 또 한 명. 절대 욕심 부리면 안됩니다. 한 명씩, 한 명씩 양육해야 합니다. 여러분! 한 사람의 위대함을 아십니까? 혹시 한 사람의 위대함을 경험해보신분, 아멘 해봐요. (봐요. 없죠) 저를 보세요. 나를. 이름도 없고 빛도 없는 저 한 사람. 나 한 사람을 통해 일하시는 하나님을 보세요. 여러분은 저와 똑같습니다. 아니 더 훌륭하고 위대할 수 있습니다.

이번 감사절에 나를 얼마나 훈련시키셨는지 생각해보니 20년을 훈련하셨습니다. 이 일을 위하여 20년을 훈련시키셨습니다. 그전의 20년은 예수님을 모르는 중에 가난과 궁핍과 세상적으로 하나님을 떠난 고통을 겪게 하고, 예수님을 믿고 20년 뒤를 돌아보지 않았습니다. 첫번째 내가 딱 예수님을 믿고

(병원에서 예수님을 믿고) 사회 나와 열심히 믿겠다. 그때 한 번 실수한 것. 딱 한 번 실수했어요. 나이트클럽 놀러가 밤새 춤추고 (망년회 때) 그 때 한대 얻어맞고 나서 그 다음부터는 뒤도 안쳐다봤습니다. 진짜. 그 이후의 나의 20년 인생은 가만히 뒤돌아보니까 하나님의 훈련이었어요. 나를 양육하셨어요. 이 시대 나를 쓰시려고. 온갖 아픔을 다 겪게 하셨고, 온갖 것을 다 보게 하셨어요.

여러분. 하나님은 한 사람을 통해서 한 시대와 지역을 살리시기를 원하십니다. 여러분 욕심을 버리시고 한 사람에게 집중하십시오. 하나님은 아브라함, 요셉, 모세, 사무엘, 다니엘, 엘리야 한 사람에게 집중했습니다. 엘리야에게 뭐라 합니까? 엘리사 한 사람을 세워라. 그러니까 양육을 하되 한 사람의 위대함을 알아야 합니다. 지금 하고 있는 한 명을 한 명으로 보시면 안됩니다. 한 나라로 봐야 합니다. 그 한 명을 천명으로 볼 수 있어야 합니다. 이 아이에게 붙여진 수천 수만 명의 시대를 살릴 영혼들이 있습니다. 이 눈이 열려야 합니다. 이게 열리고 양육해야 합니다. 이 아이들 뒤에 누가 있습니까? 이 아이 한 명이 아닙니다. 이들 뒤에는 평생에 만날 수백만, 수천만이 있어요. 그러므로 한 명에게 집중하고 목숨 걸어야 하지 않겠습니까? 그런데 시간 바쁘다고 대충하고 맙니다. 그러면 그 아이는 대충대충 크게 됩니다. 대충 크게 되어지면 나중에 목사님 괴롭히고 교회 괴롭히는 사람이 나옵니다.

여러분. 목양제자 귀한 영혼들을 우리가 한 명씩 한 명씩 길러내야 할 줄로 믿습니다. 아브라함은 목양교사였습니다. 25년 동안 아브라함 반은 0명 (뺑반) 이었어요. 뺑반. 한 명 있었는데 내 보내버렸어요. 이스마엘이 있다가 아내가 안 좋다해서 쫓아 보냈어요. 계속, 뺑반이었습니다. 그런데 하나님은 계속 몇 명이라 보여줍니까? 하늘의 별을 보면서 반이 수천 명 된 걸 보여주셔요. (바닷가 모래알을 보이시며). 아브라함은 자기 당대에 그리될 줄 알았습니다. 그런데 실상은 아니었습니다. 딱 한 명만 주었습니다. 보세요. 이삭 한 사람을 얼마나 잘 양육합니까? 17살 정도 된 이삭이 모리아산 올려보내니까요. 나무제단위에 누우며 '나를 죽이세요. 나는 하나님의 것입니다.' 이렇게 나오잖아요. 오직 순종! 그게 진짜 제자입니다. 그 나이에 이삭이 아버지를 밀치고 도망 내려 올 수 있습니다. 그리고 아버지 미쳤습니까? 마귀의 소리를 듣고 이러셔도 됩니까? 나는 하나님이 주신 아들인데 아버지가 이래서 되겠습니까? 하고 "나사렛 예수이름으로 물러가라" 그럴 수 있습니다. 그런데 안 그러잖아요. "아버지. 아버지가 맞습니다." 아버지를 인정하고 신뢰하고, 맡기고 누워버렸습니다. 이 얼마나 양육을 잘 했습니까? 여러분 자녀 양육 잘 하셔야 합니다. 이삭을 키워야 합니다. 오직 순종하는 자녀. 그런 말이 있잖아요. 부모 말 (어른말) 잘 들으면 자다가도 떡이 생긴다. 요즘은 부모 (어른)말 들으면 인생이 꼬인다 생각합니다. 마귀는 부모 말 듣지마, 친구 말 들으라고 합니다. 속이는 겁

 목양의 네가지 전략

니다. 친구 말 들으면 망합니다. 부모님 말씀 잘 들어야 성공하는 삶을 삽니다. 예수 잘 믿는 부모님 말씀을 잘 들어야 합니다. 한 명. 뺑반 25년 하다가 한 명을 하나님이 주셨어요. 그런데 그 한 명이 한 명이 아닙니다. 그 한 명이 한 나라였습니다. 한 시대였습니다. 그 한 명을 통하여 믿음의 대를 이어갑니다.

그런데 말이죠. 이삭도 하늘의 별 그러니까 엄청난 줄 알았습니다. 그런데 또 몇 명 줬어요? 이삭도 20년 동안 또 뺑반입니다. 아버지의 영성을 받아가지고, 좋은 영성을 받아야 하는데 이삭도 20년 동안 자녀를 못 낳았습니다. 그 말은 20년 동안 뺑반 이라는거예요. 20년 동안 0반인데 그래도 아내를 버리지 않는 이삭, 그 영성이 중요합니다. 아내를 버리지 않고 기도하고 또 기도하고. 그러던 어느 날 하나님이 한꺼번에 몇을 주셨어요? 둘을 주셨습니다. 그래서 이삭은 평생에 제자를 몇 명 했다. 두 명 세웠습니다. 그러니까 우리도 두 명만 해도 돼요(어떻든간에). 잘해보세요. 그런데 에서하고 야곱하고 잘못 키웠어요. (어떻든) '니가 크니 내가 크니' 장자의 축복을 받으려고. 서로 싸우다가 야곱 쪽으로 흘러내려 갔습니다. 그런데 야곱이 그냥 힘쓰고 애씁니다. 야곱의 자녀가 몇입니까? 12명. 보세요, 우리가 수백년을 내다보고 가야 합니다. 제발 수백년 수천년을 내다보는 주님의 영광. 이 땅에 종말이 오는 그날까지 우리는 하나님의 음성을 듣고 뭔가 보고 가셔야 합니다. 한 명에게 집중하셔야 합니다. 한 명은 한 명이 아닙니다. 한 명은 한 나라입니다. 한 명은 한 시대입니다. 한 사람에게 집중하셔야 합니다. 여러분 한 사람에게 집중하셔야 합니다.

우리도 보니까 한 명이 중요하대요. 청년 한 명이 중요하고 학생 한 명이 중요합니다. 우리교회는 토요일 날이 학생들 기도 당번 날 입니다. (주일학교 안가니까요) 제가 사택에 누워 있는데요. 누군지는 모르겠는데 강대상을 쳐가며 '으앙' 옛날에 내가 기도하는 것 같이, 저는 느꼈습니다. "나도 옛날에 저랬나?" 듣는 사람이 괴로웠겠다. "예수 이름으로 떠날지어다." 하기에 누군가 싶어서 내가 옷을 걸쳐 입고 내려가 보니까요. 학생 하나가, 바닥을 치면서 기도하는데요. 저는 그 하나를 하나로 안 봤어요. 한 명이 아니예요. 여러분 토요일 밤 기도하는 한 명이 어떻게 한 명입니까. 그 한 명은 한 시대요. 한 나라요, 한 민족을 주지 않겠습니까? 그리 생각하니 참 감사하다 감사하다 학생이 토요일 밤에 나와 1~2시간 기도하는 게 어디 쉬운 일입니까? 나는 20대 초반에 그랬습니다. 그러니까 그 학생은 나보다 크게 쓰임 받겠죠. 여러분 한 명이 중요합니다. 한 명 양육에 집중합시다. 한 명 한 명 시작합시다. 10명, 20명, 30명, 50명, 100명이 될 줄로 믿습니다. (할렐루야)

우리교회도 양육을 착실하게 잘 하신 분들이 부흥하더라고요. 양육을 착실하게 잘 하신 분들이 가면 갈수록 사역을 재미있게 잘 하더라고요. 그런데 바쁘다고 양육 안 하는 사람은요. 가면 갈수록 사역이 힘듭니다. 여러분 양육 안 받고 오래된 아이들은요. 그 속에 독기가 들어가 있습니다. 왜냐하면 영적으로 굶주려가지고. 배가 고파가지고 '우리 선생님 잡아먹어야 되겠다.' 불만이 가득합니다. 영적 불만이. 진짜입니다. 그런데 한 사람, 한 사람, 양육해 보세요. 아이들이 얼마나 이쁜 짓 많이 하는데요. 여러분, 제자가 여러분 짐이라 생각하십니까? 양육시켜 보세요. 그들은 여러분의 힘입니다. 그들이 여러분의 평생을 책임집니다. 목회가 아무리 힘들어도요. 제자 키워 놓으면 목회가 힘이 안들어요. 그들 보면서 힘을 얻고, 그들 보면서 용기 얻고 얼마나 감사한지요. 그래서 하나님이 명령하셨습니다. 사람 키우라고. 우리 혼자하지 말라고. 한 사람에게 집중합시다. 한 명에게 우리 인생을 투자합시다. 한 명에게 우리 인생의 승부수를 던집시다.

따라 합시다. "주여 한 사람에게 내 인생의 승부수를 걸게 하소서" 할렐루야. 꼭 기억하세요. 한 사람의 소중함을. 꼭 아셔야 합니다. 그리고 한 명 양육 할 때 잘 깨달으셔야 됩니다. 그 한 명을 한 명으로 보면 안됩니다. 제가 주일학교 1년 다녔는데 제 선생님이 제가 이렇게 쓰임 받을 줄 알았겠습니까? 아마 몰랐을 거예요. 산 동네서 코 질질 흘리는 나를 데리고 가서 1년 동안 아침마다(주일) 산 동네 심방 왔어요. 어느 날 내가 안가고 싶어 않간 게 아니라 선생님이 안 오더라고요. 지금 생각하니까 학년이 바뀐 거 같아요. 그리고 나서는 교회를 안갔습니다. 4~5학년 때 1년 다니다. 지금 생각하니 얼마나 아쉬운지, 그 선생님이 목양교사였으면 아, 내가 유학도 갔다오고 그랬을 건데. 원래 가난한 사람들은 교회서 유학도 보내주고 했습니다. 그러니까 지금 생각하니 너무 아쉬워요. 그 이후 몇 십년 만에 그 교회를 다시 찾아 갔습니다. 옛날 사진보고 찾아 갔더니 기장측 교회였습니다. 교회가 엄청 클 줄 알았는데 30평밖에 안돼요. 그때는 검정 고무신 하얀 고무신이 얼마나 많은지 엄청 큰 줄 알았어요. 다 그때는 고무신일 때요. 부채표 운동화 곰표 운동화 나올 때 깨끗한 것 신고나 오면 주인이었습니다. 그렇게 큰 줄 알았는데 가 보니 조그마하데요. 몇 십년 지나 사진 보여주니 내가 누군줄 압니까. 여러분 제자들하고 사진 한 장 꼭 찍어놓으세요. 언젠가 찾아온다니까요. 그 사람이 보고 싶다 그래서 찾아옵니다. 사람 일을 알 수 있습니까? 유명 연예인 되어 여러분 찾을지. 여러분 찾아올 사람 없죠. 생각해 보세요. 한 명. 달동네를 매주일 아침마다 찾아왔어요. 쭉 손잡고 내려가고. 그때 아마 우리동네 많은 사람들이 교회를 다녔던 것 같습니다. 그 선생님이 안 나타나고부터는 거의 교회 안나갔어요. 난 그때 생각하면 한 지역에 한 선생님의 역할이 얼마나 소중한지를 여러분 아셔야 합니다. 그런데서 나같은 인물이 나올 줄 누가 알았겠습니까? 나같은 인물이 나올 줄 하나님만 아셨을거예요.

지금 내 앞에 있는 제자가 어떤 인물인지 하나님만 아세요. (할렐루야) 환경과 조건이 안 좋은 아이일수록 더 큰 인물이 될거예요. 엄마 아빠가 일찍 돌아가신 아이일수록 더 큰 인물이 될거예요. 영적으로 시달린 아이일수록 더 큰 인물이 될거예요. (할렐루야) 왜? 복음만 들어가면. (할렐루야) 하나님을 만나기만 하면. 그가 양육되기만 하면 금방 아이는 큽니다. 어제 사진 한장을 봤습니다. 우리 아이들하고 내 6살 때 사진입니다. 머리 빡빡 밀고, 쫄쫄이 바지 입고, 하얀 고무신 신고, 씻지도 않고 우리 삼촌이 사진 찍어준다 해서 놀다가. 왜 어릴 때 목을 옆으로 기울였을까요? 사진기가 이리 가니까 사진기 따라간거 같아요. 요즘 아이들은 브이하고 환하게 웃어요. 이 땅에 복음이 들어온 그 결과입니다. 그런데 지금 다음 세대에게 위기가 왔습니다. 지금 대학생들이 굉장히 힘듭니다. 왜? 10년 20년 전부터 다음세대 교육이 약해 졌습니다. 그 약한 교육을 받고 서 있는 게 지금의 대학생들입니다. 요즘 대학생들 힘듭니다. 영적으로. 제대로 교회 안에서 제자훈련 못 받고 제대로 영적훈련 못 받고. 대학가에 얼마나 유혹이 많습니까? 우리도 목사인데 기도 몇 일 안하고 돌아다니다 보면 깜짝 깜짝 놀랍니다. 그만큼 세상은 우리를 가만 놔두지 않습니다. 영적으로 훈련 받지 않고 제대로 되 있지 않으면 모든 사건 속에 우리가 빨려 들어가고 맙니다. 우리가 사건을 분별하고 사건을 이겨내야 하는데 말입니다.

여러분 한 명에 집중합시다. 한 명에 승부수를 겁시다. 다니엘을 만드세요. 옆에 분 축복합시다. "다니엘을 만드세요" 다니엘을 만드셔야돼요. (아멘) 여러분 믿음대로 될 줄 믿습니다.

5. 양육은 오직 말씀과 기도로 양육하라.

양육은 오직 말씀과 기도로 해야 합니다.

디모데전서 4장 5절. "하나님의 말씀과 기도로 거룩하여짐이니라"

디모데후서 3장 16-17절. "모든 성경은 하나님의 감동으로 된 것으로 교훈과 책망과 바르게 함과 의로 교육하기에 유익하니 이는 하나님의 사람으로 온전케 하며 모든 선한 일을 행하기에 온전케 하려 함이니라" 여러분! 사람은 말씀으로 변화됩니다. 사람은 기도로 변화됩니다. 여러분 우리 목양사역의 양대 핵심이 무엇입니까? 말씀과 기도입니다. 말씀을 벗어나면 안됩니다. 여러분이 말씀의 능력을 믿으셔야 합니다. 말씀이 얼마나 능력이 있습니까? 이 말씀을 밤에 한 번 끌어안고 자보세요. 머리가 복잡한 사람 베게하고 자보세요. 저는 철야기도 할 때 죄송스럽게도 많이 베게 했어요. 처음에는 신앙적으로 두렵더라고요. (조금) 그런데 어느 날 말씀이 내 머리에 들어가도록 베자. 베니 얼마나 편안한지. 베고 자니까. 여러분. 하나님 말씀은 읽어도 복 받고 들어도 복 받고 지키면 더 복 받고, 말씀이 우리를 변화시킵니다. 에스겔 37장을 보세요. 죽은 자가 살아납니다. (죽은 뼈가) 말씀은 우리의 죽은 모습들을 생명력 넘치도록 변화시킵니다.

히브리서 4장 12절. "하나님의 말씀은 살았고 운동력이 있어 좌우에 날선 어떤 검보다도 예리하여 혼과 영과 및 관절과 골수를 찔러 쪼개기까지 하며 또 마음의 생각과 뜻을 감찰하나니" 하나님의 말씀은 살았어요. 완전히 새롭게 만듭니다. (아멘) 여러분 성경을 보세요. 하나님의 말씀은 능치 못함이 없다고 했습니다. (창세기 18:14. 마가복음 9:23) 말씀으로만 아이들이 변합니다. 어린 친구들 양육할 때 다른 걸로 하면 안됩니다. 말씀중심으로 해야 합니다. 말씀중심, 암송, 기도, 오직 말씀, 말씀이 중심이 되어야 합니다. 우리 목양교사 훈련원 사역의 장점이 무엇입니까? 강단, 말씀, 요절 암송이 핵심입니다. 그거 이상 다른거 하려고 하지 마세요. 일단 말씀이 중심이 되어야 합니다. 그리고 여러분 기도가 중심이 되어야 할 줄로 믿습니다. (할렐루야)

6. 리더로 지도자로 양육하자.

'한 명에 집중하자' 라는 말과 비슷하지만 결국은 다릅니다. 우리가 양육을 할 때 내가 어떤 생각을 갖고, 어떤 지도자로 만들것인가 하는 분명한 목표를 갖고 있어야 합니다. 우리의 목표는 무엇입니까? 우리가 양육하면서 항상 교재 안에 있는 내용이 무엇입니까? 무슨 리더를 만들어야 합니까? 예, 목양리더를 양육시켜야 됩니다. 목양제자 (아멘)

목양제자 정의 두 가지. 목양제자는 누구입니까? 첫째, 내가 전도하고 제자 양육하는 사람입니다. 여러분이 대학교수가 안 되어도 괜찮습니다. 전도하고 제자 양육 하는 사람이 되면 대학교수 머리 위에 손을 얹고 안수하는 사람이 됩니다. 대학교수 되면 좋겠지만 안 되어도 괜찮습니다. 내 머리는 안 되겠다하는 사람은 나는 대학교수 머리 위에 안수하리라. (목양제자 되어서) 여러분 공부 1등 2등해서 대학교수 되는 것도 좋아요. 그런데 이미 내가 생각해보아도 30~40등하면 나의 꿈이 대학교수를 안수해야 되겠다. 나는 서울대교수를 전부 안수하는 목양제자를 만들겠다. 왜냐하면 내가 양육해서 목양제자 만들고 그들을 교수 만들면 되잖아요. 그러면 '김교수 와봐, 무릎 꿇어' 자기는 50점, 20점 받았던 사람인데 교수 머리에 손 얹고 안수합니다. (여기 교사들 중에 그런 사람 있죠) 아멘 안 해도 이제는 다 압니다. 공부 잘 한 사람 몇 명 있습니까? 우리 머리로 제자들을 다 교수 만들어 목양제자가 전도하고 제자 삼으면 때가 되면 '○○시장 와 봐, 시정을 그리 이끌면 되겠나. 안수받자' '○○목사 이리와 봐, 교회 목회가 조금 어렵네. 안수받자' 선생님(스승)은 머리에 손 얹어도 됩니다. (목사님에게) 저는 그리 생각합니다. 부모님은 자식이 목사님이 되어도, 안수의 손을 얹을 수 있다 생각합니다. (그 가정 안에서의 부분이) 오해 말고 잘 들으시면 그리할 수 있다고 생각합니다. 저는 우리 부모님이 신앙생활 잘 하시면 안수기도 받고 싶어요. 목양을 떠나서라도 부모들로부터 오는 뭔가가 있습니다. 그게 얼마나 큰 축복입니까? 목숨 걸고 안수기도 해주는데. 여러분, 자녀보고 '니 무릎 꿇어' 몽둥이 들고 '니 목회하라 안했나?' (목양) '기도 전도 양육 심방하라 했는데' 머리에 손 얹고 기도 받으며 어릴 때부터 간직하는 그 영성. 깨끗한 영성이 회복될 거 아닙니까? 그럴 수 있는 제자를 세울 수 있다면 얼마나 좋겠습니까?

그런데 더 중요한 것은 제자 자신이 그렇게 받아야 돼요. 그런 겸손함. 선생님으로부터 흘러내리는 영성을 사모함. 목양 제자가 뭡니까? 전도하고 제자 삼는 사람. 세월 지나보세요. 참 머리 나쁜 사람들 많아요. 자기 스승이 있잖아요. 그럼 기도 받아야 합니다. 그리하면 굉장히 큰 영적축복을 받습니다.

우리 학생 때 친구들 중에 목사 된 사람이 있습니다. 그런데 보면 안수를 안 받더라고요. 안수 받으면 진짜 복을 받을 건데 그걸 안하데요. 이제 목사 됐으니 같은 급으로 놀자이거겠죠. 그게 아닙니다. 저도 본 교회 가면 목사님에게 기도해 달라 합니다. 어떻든 누가 크냐? 누가 떴냐? 문제가 아닙니다. 흐름에 대한 문제입니다. 제 아무리 야곱이 뛰어나도 이삭보다 뛰어날 수 없습니다. 아버지 머리로 올라갈 수 없습니다. 주님의 축복이 흐르는 부분입니다. 여러분! 목양제자는 전도하고 제자 삼는 사람. '집사님! 00시장을 만드세요' (아들을 00시장을 만드세요) '너는 세계적인 선교사가 되겠네. 너는 훌륭한 교수가 되겠네' (지식으로 영향력을 주는 사람) 뒤에는 제 눈이 작아 잘 안보입니다. 나는 내 입에서 나쁜 말 나간 적이 한 번도 없습니다. 왜냐하면 우리의 다음세대를 주 님이 이상한 아이들로 만든 적이 없습니다. 우리가 이상하게 키워서 그렇지, 절대로 버려진 아이로 만든 적이 없어요. 우리가 그렇게 키워서 그래요. 내 눈에는 전부 다 지도자에요. 그러니까 아이들이 나를 좋아할까요? 싫어할까요? 좋아하죠.

주일학교 부흥은 아주 간단합니다. "여러분 반의 아이들을 지도자로 보면 다 따라옵니다." 요즘 저는 목사님들을 뵈면 전부 다 한국교회 한 시대를 움직일 분들로 보여요. '저 목사님 제대로 목회하겠나?' 단 한 번도 이런 생각해 본 적이 없습니다. 그런데 옛날에는 안 그랬습니다. '야 저분은 노는 것 좋아하네.' (교회 붙어 있지를 안 해) 제 주변에 그런 분 있거든요. (노회 놀러가고 족구하고) 지금 생각하니까 제가 잘못

한 거예요. 거룩한 척하고(방 안에 앉아 가지고) 목양사역 하는 분들은 잘 노셔야 합니다. 잘 놀아야 돼요. 거룩한 체 하면서 소그룹(Cell)에서 놀러 갔는데 구석에 앉아 성경책 보고 그러면 다른 사람 부담 주는 것입니다. 그러지 마세요. 그거는 집에서 조용히 읽고, 어디 놀러 가는데 넥타이 메고 나타나지 마시고 그때는 운동화 신고, 청바지 입고. 또 어떤 사람은 치마입고 오는 사람이 있어요. 산에 가는데. 그런 사람은 목양교사를 잘 못한다니까요. 지각이 있어야 합니다. 리더로! 제 눈에는 모두가 다 리더로 보입니다. 모두가 다 지도자로 보입니다. 어른들은 잘 눈에 안 들어옵니다. '언제 장례 치루나' 이런 생각 밖에 생각이 안 들어요. 봐요, 다음 세대들. 여러분이 다음세대와 함께 있으므로 꿈이 넘칩니다. 우리의 다음세대 자녀들이 함께 있으므로 꿈이 넘칩니다. 우리끼리 날마다 앉아 있어 보세요. 무슨 재미로 살 것입니까? 그 속에는 꿈이 없는데. 꿈이 없어요, 다음 세대가 있으므로 꿈이 있습니다. 살아 있습니다. 우리 지도자로 한 시대의 리더로 키워야 될 줄 믿습니다.

우리 주일학생 청소년들 중에 '우리 교회는 나를 지도자로 리더로 키우는 것 같다.' 믿어지는 주일학생 청소년들은 아멘 해봐요. (어이쿠, 큰일 났네) 너는 엄마 아빠가 지도자와 리더로 키우는 것 같은가? 그렇나. 많이 심방 데리고 다니는가 보네. 심방 안하면 막 때리고 그러나. (훌륭한 부모다) 심방 안하면 개 패듯이 패야 돼. 심방이 네 살길이다. 심방 다니며 겸손을 배우고 심방 다니며 눈물을 배우고 심방 다니며 교사 사역을 배우고 심방 다니며 영권이 충만해집니다. 여러분 지도자를 키우셔야 합니다. 리더로 양육하셔야 합니다. (아멘) 정말입니다. 우리가 양육시키는 대로 큽니다.

여러분 4주 양육을 할 때 그냥 성경공부 시키지 마세요. "주여 이 아이가 지도자가 되게 하소서" "주여 이 아이가 리더가 되게 하소서" "우리 교회와 이 시대를 다스리며 섬기는 리더가 되게 하소서" "우리 교회와 목사님을 위해 크게 기여하는 지도자가 되게 하시고 주님 축복하소서" 여러분의 기도대로 그들은 크게 되어 있습니다.(아멘) 목양제자 두 번째 정의는 목사님과 목숨 거는 동역자입니다.

7. 목숨 걸고 양육하라.

어떻게 양육해야 합니까? 목숨 걸고 양육해야 합니다. 저도 양육하고 제자훈련 해봤잖아요. 절대로 희생 없이는 한 사람이 안 바뀝니다. 내가 바쁜 중에 피곤한 중에 외치고 또 외치고 쓰러질 때 한 사람이 변합니다. 적당하게 하면 절대로 변하지 않습니다. 목숨을 걸고 양육해야 사람이 변합니다.

갈라디아서 4장 19절. "나의 자녀들아 너희 속에 그리스도의 형상이 이루기까지 다시 너희를 위하여 해산하는 수고를 하노니" 해산의 수고가 있어야 합니다. 한국교회 교사들이 해산의 수고가 부족합니다. 자기 일이 바쁘면 양육을 안 합니다. 양육을 하더라도 바쁘니까 5분 10분 대충해버립니다. 거기에는 변화가 일어나지 않습니다. 내 마음이 담기고 목숨이 담기고 해산의 수고하는 마음이 있어야 한 사람이 바뀝니다. 주님이 우리 해산의 수고를 보고 그 아이를 바꾸십니다.

그냥 대충해서 바뀌는 줄 아세요. 여러분 4주 양육 했다고 아이들이 다 바뀝니까? 아닙니다. 그 4주 양육을 목숨 걸고 해야 그 아이들이 바뀝니다. 주님은 아세요. 우리가 어떤 자세로 양육하는지. 사람은 몰라도 주님은 아십니다. 제가 겟세마네 동산 기도회를 1년 동안 얼마나 목숨 걸고 했는지 모릅니다. 그러니까 1년 동안 우리교회가 바뀌었습니다. 처음 1년 동안 겟세마네 기도회에 내 목숨을 걸었습니다. 새벽기도 끝나면 저녁 기도까지 얼마나 기다려지고 서울 볼일 보러 가면 비행기 타고 내려왔습니다. 손님들 오면 먼저 식사대접해서 보냈습니다. 그렇게 목숨 걸고 겟세마네기도를 1년 동안 하니까 주님이 우리 교회를 변화시켰습니다. 목숨 거는 곳에 주님이 역사하십니다. 대충대충 해 보세요. 안됩니다. 목회도 마찬가지입니다. 양육도, 공부도 마찬가지입니다. 사업도 뭐든지 다 마찬가지입니다. 대충해서 안됩니다. 특히 양육은. 양육을 1시간하고 나면 영은 힘을 얻지만 육은 굉장히 피곤합니다. 에너지가 싹 다 빠진 것 같습니다. 때로 한 시간 설교 하고 나면 마음은 기쁘고 평안한데 몸은 어질어질 할 때가 많습니다. 저는 사역자 체험 훈련 혼자 하잖아요. 하루 6시간씩. 마지막 시간은 정말 죽을 거 같아요. 정말 하기 싫을 때도 있어요. 하루 6시간씩 3일 해봐요. 정말 힘이 들어요. 하지만 기도하고 주님이 주시는 힘으로 할 때 사역자 훈련이나 컨퍼런스 오시는 분들이 변하시더라고요. 대충대충 했을 때는 안되더라고요. 정말 목숨 걸고 기도할때도요. '주—여' 할 때 은혜 받지 다 죽어 가는 목소리로 '주여' 하면 앉은 사람은 '나요' 하고 거부 반응이 옵니다.

사역은 간절함으로 해야 합니다. 그때 영과 영이 통합니다. 성령님도 아시고 앞에 양육 받는 아이의 영도 알고 내 영이 알게 됩니다. 지금 속이고 있는 것인지 진짜 내가 목숨 걸고 하는 건지 대충하면 안됩니다. (할렐루야)

요한복음 10장 11절. "나는 선한 목자라 선한 목자는 양들을 위하여 목숨을 버리거니와" 예수님은 목숨을 버린다고 했습니다. 누구를 위하여? 양을 위하여. 그런 양육이 필요합니다. 그래서 목양교사 정의 3가지가 뭐예요? 평생교사? 목숨 거는 교사? 제자 삼는 교사. 무섭습니다. 이번에 사역자 훈련 서울에서 했을 때 목사님과 성도들이 "목양교사 운동은 60~70년대 토종 영성이라네" 토종영성. 된장 같은 맛있잖아요. 여러분도 그렇게 생각하십니까? 이번에는 이런 노래를 부르게 하시대요. "주님여 이손을 꼭 잡고 가소서. 약하고 피곤한 이 몸을~ 폭풍우 흑암 속 헤치사 빛으로 손잡고 날 인도 하소서" (할렐루야) 이상하게 이런 노래가 좋습니다. 저는 "내일 일은 난 몰라요" "세상에서 방황할 때 나 주님을 몰랐네" 목양영성은 한국의 60~70년대 토종영성입니다.

그런데 우리 학생들이 왜 목양을 좋아할까요. 그 아이들도 김치 먹는 토종입니다. 우리 청소년 설교해 보면 유식한 설교에 은혜 받기도 하지만 그냥 있는 대로 토종 설교하면 더 은혜를 받습니다. 저들도 김치 먹고 된장 먹고 매일매일, 그들

속에 흐르는 목양 영성은 한국적인 영성입니다. 한국적인 영성. 진짜 목양의 영성은 한국적인 영성같습니다. (할렐루야) 여러분 한국적 토종 영성으로 세계를 다스려 봅시다. 한국적 영성으로 세계를 휘어 잡아 봅시다. 목양의 영성을 수출 합시다. 자꾸 수입만 하지 말고 지금 수입해 온 게 너무 많습니다. 말 안해도 잘 아시잖아요. 우리 국산품을 애용합시다. 신토불이가 좋습니다. 목양의 영성. (할렐루야!)

목양교사의 양육 7계명.

양육은 1. 하나님의 최초의 명령이다. 2. 예수님의 마지막 명령이다. 3. 훈련 받지 않고는 온전히 성장하지 않는다. 4. 한 명에게 먼저 집중하라. 5. 오직 말씀과 기도로 양육하라. 6. 리더로 지도자로 양육하라. 7. 목숨을 걸고 양육하라.(할렐루야!) 제가 사역자 훈련을 받은 몇몇 교사를 지켜보고 있습니다. 유심히 보고 있습니다. 양육을 조용조용 하시는 분들 계세요. 그런 분들이 부모 초청했는데 부모님 모시고 왔어요. 그러니까 양육이 이 사역에 중요한 어떤 부분이 있습니다. 여러분이 양육하고 나면 힘을 얻습니다. 원수 마귀를 꺾을 수 있습니다. (할렐루야)

여러분 교회 안에서 아무일도 안하는 사람이나 중고등부 학생을 자꾸 리더 그룹으로 잡아 이끄세요. "야 좀 도와줘!" "도와줘" 자꾸 끌어당기세요. "좀 도와줘. 보조리더 해줘" 양육을 시키고 현장을 체험하게 해주셔야 해요. 그게 여러분 목사님을 도와 드리는 길입니다. 그래서 여러분 교회는 99.9%가 사역해야 됩니다. 0.1%도 노는 사람을 허락해서는 안됩니다. 100% 사역 하도록 목사님이 그 일을 하는 게 아닙니다. 여러분이 그리하도록 도우셔야 합니다. 구석구석에서 '니 목양교사 하면 성공 한다.' '니 목양교사 하면 최고 된다.' '니 목양교사 하면 공부도 잘 할 수 있다.' '니 목양교사 하면 최고가 된다.' '니 목양교사 하면 니 코 세운다며 니 목양교사 하면 언젠가 모르게 코도 세워진다.' '니 쌍꺼풀 수술한다며 니 목양교사 하면 눈이 쑥 들어간다.' (진짜요) 주님은 우리 필요를 전부다 채워 주십니다. 자신감 있게 섭외해야 됩니다. 목양 정교사하면 최고의 복을 받습니다. 교회 구석구석에 주일날 노는 사람이 없도록 여러분이 그 역할을 하세요. 외롭게 앉아 있는 성도 있잖아요. '집사님 너무 멋있다. 우리 아이 알잖느냐고. 너무 많이 목양하고 바뀌었다. 우리 남편도 많이 바뀌었다.' 믿음으로 선포하며 이야기하고 교사 확보 합시다. 교사 배가 합시다.

목양교사의 양육전략

1. 일대일 양육.

일주일에 한 명에게 집중해서 양육하는 것입니다. "새로운 생활" 교재를 참고하세요.

2. 리더그룹 양육.

4주 일대일 양육을 받은 사람을 소그룹으로 양육합니다. 시간은 자유로이 하고 1시간 이내로 하는 것이 좋습니다. 기도를 많이 해야 합니다. "성장하는 생활" 교재를 사용하는 것이 좋습니다.

3. 공과를 통한 양육.

한주 전에 담임목사님의 강단 말씀을 공과로 사용합니다. 또한 심방을 통하여 요절암송으로 양육합니다.

1:1 양육방법

◖ 양육시간 : 1시간 이내로 한다.

▶ 찬양 10분. 말씀 20분. 나눔 15분. 기도 15분.

1. 찬양은 아이들이 좋아하는 곡과 진지한 곡을 선택하여야
   한다.

   ▶ 찬양은 빠르고 힘찬 곡을 선곡하되 박수치며 힘 있게 찬
   양한다.

2. 말씀을 나눌 때는 질문을 하지 말고 확신과 영혼사랑을
   가지고 선포한다.

3. 나눔은 말씀을 한 번 더 깨우치게 하고 마음속에 있는 고
   민과 상처를 치유하게 한다.

4. 기도는 중보기도로 손을 잡고 합심기도를 먼저 하고 교
   사가 축복기도로 마무리 한다.

   ▶ 합심기도는 전도대상자 이름을 놓고 함께 기도한다.

   ▶ 축복기도는 믿음을 가지고 아이를 포함하여 전 가족을
   위해 기도한다.

   ▶ 주기도문으로 마친다.

5. 서두에 말씀암송과 끝마침에 외어쓰기를 꼭 체크 한다.
   (말씀의 능력을 체험하게 한다)

6. 적용은 전도대상자의 이름을 적고 다음 주간에 만날 계
   획을 포함한다. 본 1:1양육과정의 수료자는 2명 이상 전
   도하므로 자격요건을 충족하게 된다. 목양교사는 한 주
   간 양육자와 함께 지속적으로 기도하고 주간 중에 전도
   대상자를 직접 만나 양육자와 함께 전도한다.

7. 아무리 바쁘고 양육대상자가 많을지라도 1:1로 양육을
   해야 한다. 선생님을 돕는 도우미로 세워지기까지 1회 양

육으로 끝나지 말고 2회 3회 지속 반복하여야 한다.

1:1 양육 장소와 시간.

1. 장소는 가능한 집중할 수 있는 조용한 장소를 선택하라.
 ▶ 집에서 할 때는 전화기를 내려놓으라.
2. 시간은 아이들의 시간을 고려하고 토요일 오후나 주일이
   좋다.
 ▶ 4주 하다가 사정상 빠졌을 경우 꼭 그 주간에 빠진 과를
   실시하라.
 ▶한 주간을 늦추면 리듬이 깨질 수 있다.

*** 4주간의 전 과정을 끝마칠 때.**

1. 4주 동안의 소감을 물어보고 기록에 남겨 놓으라. 다음에
   참고자료가 될 것이다.
2. 수료 파티를 하고 기념사진을 찍어서 추억에 남도록 하
   면 좋을 것이다.
3. 4주 양육훈련에 동역자가 되도록 사명을 주어라. 선생님
   의 도우미임을 알려주어라.
4. 4주 양육을 마친 아이들을 그룹으로 만들고 한 단계 높
   은 훈련을 위해 기도하라.

*** 「새로운 생활」의 구성.**

▶ 전체 4과입니다.

* 1. 2과는 구원을 다루고 있습니다.

▶ 1과는 "하나님 만나는 길"입니다.

▶ 2과는 "예수님을 왜 믿어야 하나요?"입니다.

* 3. 4과는 제자론입니다.

▶ 3과는 "예수님의 제자가 되자"

▶ 4과는 "나는 선생님을 돕는 도우미" (제자)입니다.

1. 하나님의 최초의 명령이다.

1) 창 1:28/ 생육하고 번성하여

2) 신 6:7/ 네 자녀를 부지런히 가르쳐라

3) 엘리–사무엘/ 엘리야–엘리사/

2. 예수님의 마지막 명령이다.

1) 마 28:18-20/ 가서 모든 족속으로 제자를 삼으라

2) 요 21:15-17/ 내 어린양을 먹이라

3. 훈련 받지 않고는 온전히 성장하지 못한다.

1) 엡 4:11-12/ 그가 혹은 사도로 혹은 선지자로 혹은 복음 전하는 자로 혹은 목사와 교사로 주셨으니 이는 성도를 온전케 하며 봉사의 일을 하게하며 그리스도의 몸을 세우려 하심이라.

2) 신 6:4-9/ 부지런히 어릴때부터 가르쳐라

3) 딤후 2:2/ 네가 많은 증인 앞에서 내게 들은 바를 충성된 사람들에게 부탁하라 저희가 또 다른 사람들을 가르

칠 수 있으리라.

 4) 마 11:29/ 나는 마음이 온유하고 겸손하니 나의명에를
   메고 내게 배우라 그러면 너희마음이 쉼을 얻으리니.

4. 한 명에게 먼저 집중하라.

1) 욕심을 버려라(약 1:15)

2) 아브라함/요셉/ 모세/ 사무엘/ 엘리야/ 다니엘

5. 오직 말씀과 기도로 양육하라.

 1) 딤전 4:5/ 하나님의 말씀과 기도로 거룩하여 짐이라

 2) 딤후 3:16-17/ 모든 성경은 하나님의 감동으로 된 것으
   로 교훈과 책망과 바르게함과 의로 교육하기에 이는 하
   나님의 사람으로 온전케 하며 모든 선한 일을 행하기에
   온전케 하여 함이니라.

6. 리더로 지도자로 양육하라.

 1) 딤전 2:2/ 저희가 다른 사람들을 가르칠수 있으리라.

 2) 창 1:28/ 생육하고 번성하여 땅에 충만하고 땅을 정복하
   고 다스리라.

 3) 행 1:8/ 땅끝까지 증인으로 양육하라.

7. 목숨을 걸고 양육하라.

1) 요 10:11/ 나는 선한 목자라 선한목자는 양을 위하여 목

숨을 버리거니와

2) 갈 4:19/ 나의 자녀들아 너희 속에 그리스도의 형상이 이
루기까지 다시 너희를 위하여 해산하는 수고를 하노니.

목양교사의 심방 7계명

주제성구 : 잠언 27장 23절.

네 양떼의 형편을 부지런히 살피며 네 소떼에 마음을 두라

❶ 심방은 삼위일체 하나님의 마음이다.

❷ 심방은 아버지 마음을 얻는 지름길이다.

❸ 심방은 목자의 핵심 사역이다.

❹ 심방은 강한 영적 전쟁이다.

❺ 심방은 가족 복음화의 길이다.

❻ 심방은 사람을 세워야 한다.

❼ 심방은 꾸준하게 하여야 한다.

심방이 전략이다

서로 인사합시다. "세계 정복 합시다. 목양제자 됩시다."

목양 제자는 누구입니까? 첫째, 전도하고 제자 삼는 사람이 목양 제자입니다. 다른 말로 하면 교사입니다. 교사해야 목양 제자 될 수 있습니다. 둘째, 목사님들의 목회 동역자가 되어서 함께 목숨을 거는 사람이 목양제자입니다. 목양제자 정의는 두 가지 입니다. ① 전도하고 제자 삼는 사람 ② 목사님 목회에 동역으로 목숨을 거는 사람. '나는 우리 목사님과 목회 동역자로 목숨을 걸었습니다.' 하는 사람은 손 한번 들어 보세요. 여러분! 우리 예수님께는 목숨 걸 필요가 없어요. 우리 하나님께는 목숨 걸 필요가 없어요. 왜냐하면 하나님은 능력이 많아 우리 같은 목숨은 필요가 없어요. 말씀으로 다 하시는데 무슨 목숨이 필요 합니까? 그런데 우리 목사님들은 연약하기에 우리 힘이 필요합니다. 우리들의 힘이 필요해요. 동역자가 필요 합니다. 우리 하나님은 전능하세요. 그러므로 우리 힘이 필요하지 않아요. 아무도 없어도 하나님은 다 하실 수 있어요. 하나님이 전능하신 여호와신데 못하는 게 뭐가 있겠습니까. 그런데 우리 목사님들은 일꾼이 있어야 돼요. 사람이 있어야 돼요. 동역자가 있어야 돼요. 그래서 우리는 하나님을 섬기는 마음으로 목사님들과 동역자. 여러분! 목사님들이 우리를 동역자로 써주는 것만도 감사해야 되지 않습니까? 감격, 감격해야죠. 목사님의 동역자로 나를 써주시다니. 다윗은 하나님 집의 문지기로 써주셔도 감사한다고 했습니다. 그것만 해도 감사하다 했는데 하나님의 동역자로 교사요 목양제자요 얼마나 영광스럽습니까? (아멘)

여러분, 교회는 목양제자가 있어야 합니다. 제가 ‘꿈이 뭡니까?’ 하면 목양제자라 해 주세요. 기분이 조금 안 좋더라도 썩 내키지 않더라도 그리 말해 주세요. 여러분 꿈을 버립시다. 축구선수, 개그맨 하지마세요. 목사님이 “꿈이 뭐예요”하면 목양제자라 하세요. 꿈을 가지세요. 여러분 꿈이 뭡니까? 목양제자. 여러분 꿈을 버려야 돼요. 다 버리세요. 목양제자 되면 필요할 때 개그맨도 되게 하시고 목양제자 되면 필요할 때 축구선수도 되게 하시고 목양제자 되면 대학교수도 시켜 주실 것이고 목양제자 되면 대통령도 시켜주실 것이고 목양제자 되면 대 기업인이 되게 하실 것이고 목양제자 되면 ○○ 시장도 되게 하실 것이고 (할렐루야). 목양제자 되는게 먼저입니다. 하나님의 꿈을 가지는 게 먼저입니다. 그런데 사람들, 특히 다음세대가 꿈을 갖는데요. 보면 자기의 꿈을 이루려고 기도하는 사람이 너무 많아요. 우리 이렇게 키우면 안됩니다. 하나님의 꿈을 이루기 위해서 도구로 쓰임 받는 사명자로 키워야 합니다 (아멘).

교회는 목양제자가 있어야 합니다. 전도하여 제가 삼는 목양제자가 있어야 돼요. 전도하여 하나님의 사람을 키워야 합니다. 전도하여 사람을 키우는 일을 목사님 혼자해서는 교회 부흥이 안됩니다. 전도하여 사람 키우는 일을 모든 교인이 할 수 있어야 합니다. 그래야 그 교회가 건강하고 크게 부흥할 수 있습니다. 그리고 여러분 모두다 목숨과 목을 목양하는 목사님과 교회와 사역에 내 놓아야 합니다. (아멘) 이것이 주님을 사랑하는 길입니다. 그런데 이런 사람이 성경에도 많이 없었지만 이 시대 많이 없습니다. 이런 사람이 한 사람만 있어도 사단이 그 교회를 못 무너뜨립니다. 목양제자 한 사람만 있어도 마귀가 그 교회를 못 무너뜨립니다. 한 명, 딱 한 명. 그 한 명이 여러분 되고 싶습니까? 여러분 되기를 원하십니까? 마귀는 우리가 이렇게 되지 못하도록 얼마나 흔들어 재끼는지 모릅니다. 목양제자가 되려는 과정에 마귀가 건드리는 많은 것들이 있습니다. 이유 없이 목사님의 허물이 눈에 들어오기 시작합니다. 어느 날 갑자기. 내가 목사님에게 목숨 내 놓아야하겠다 하는 그 순간부터 갑자기 목사님의 허물이 보이기 시작하고 허물도 아닌데 허물로 생각하는 과정이 있습니다. 이것을 잘 통과 하셔야 돼요. 전에는 목사님이 슬리퍼 교회서 끌고 다니는 게 보기 좋다. 시골스럽고 구수해서 좋다 했는데 목숨 거는 제자의 결단을 하고 나니까 '아따 목사가 왜 저러지' 이 모든 게 거꾸로 해석되는 그런 과정이 틀림없이 있습니다. 마귀는 우리가 목양제자 되는 걸 원치 않습니다. "무엇 때문에 목사님께 목숨 내 놓는데, 하나님께 내 놓으면 되지" 이렇게 합니다. 자꾸 마귀는 그렇게 몰아 갑니다. "하나님께 목숨 내 놓아야지 왜 목사도 사람인데 목사한테 그러냐" 마귀는 자꾸 유혹합니다. 목양제자가 되지 못하도록. 왜요? 교회는 목양제자가 있으면 부흥하거든요. 목양제자 한 사람이 있으면 그 한 사람이 100명을 감당합니다. 목양제자 열 명이 있으면 그 교회가 1000명 감당합니다. 목양제자 100 명이 있으면 그 교회는 10,000명이 됩니다. 그러니까 이게 얼마나 위대한 힘 인줄을 마귀가 알고 방해하는 거예요.

여러분, 사는 목적이 뭐예요? 목양제자가 되는 거. 그러면 목양제자는 뭐하는 사람이예요? 전도하고 제자 삼는 사람입니다. 목양하는 목사님과 동역하고 목숨 거는 사람입니다. 여러분! 돈 많이 버세요. 돈 많이 벌어서 전부 목사님께 드리면 목사님이 알아서 선교하게. '목사님! 복음 안에 뜻대로 쓰소서. 나는 돈 쓰는 능력이 조금 모자라오니 목사님이 가장 잘 쓰실 줄로 믿습니다. 목사님 알아서 써 주세요' 아이들을 어려서부터 목양제자로 키워야 합니다. 그런데 목양제자가 없습니다. 성경에도 바울을 따라 다니는 사람이 수 없이 많았지만 목양제자라 말한 사람은 몇 명 없었습니다. 이 자리에 있는 여러분 어떻게 인생을 마감하고 어떤 방향으로 가기를 원하십니까? 목양제자의 꿈을 꾸고 가면 틀림없이 하나님은 여러분에게 정복의 능력을 주실 줄 믿습니다. 임마누엘의 은혜를 주실 줄 믿습니다. (할렐루야)

눈을 떠도 목양제자, 눈을 감아도 목양제자, 일어나도 목양제자, 앉아도 목양제자, 밥을 먹어도 목양제자, 누워도 목양제자, 일어나도 목양제자, 안방, 화장실 가서도 목양제자, 옷에도 목양제자, 몸에 문신을 파서 "목양제자" 나는 꿈이 목양제자라 선포할 수 있는 사람. '니 공부 잘하는데 꿈이 뭐야?' 과감히 뭐라 해야 돼요? 목양제자라 대답해야 돼요. 그러면 목양제자가 뭔데 물어볼 것 아니요. 그 때 '공부 열심히 해서 일류대학 가고 대기업 입사하고 좋은 사람만나 결혼하고 애기 많이 낳고 먹고 자고' 그런데 어느 정도 목표에 가면 사람이 우울증에 빠집니다. 그 이상의 무엇이 없잖아요. 목양제자는 천국 올라가는 것까지 비전입니다. 목양제자는 내세까지의 비전입니다. 이 땅에서의 비전만 아닙니다. 목양제자는 하늘나라 가는 것까지 비전입니다. 목양제자. 목양제자는 무엇입니까? 전도하고 제자 삼는 사람이요. 그러면 목양제자는 무엇해야 하죠? 목양교사 해야 돼요. 뭐하는 교사? 평생교사, 목숨 거는 교사, 제자 삼는 교사.

목양제자는 뭘 해야 합니까? 목양교사 해야 합니다. 전도하고 제자 삼는 전문가가 되셔야 합니다. 여러분 다른 전문성 갖지 말고, 지금 내가 돈을 많이 벌어야겠다하면 경제 전문가가 되야야겠죠. 경제를 배우고 정치인 되기 위해 정치를 배우기보다는 전도하고 사람 키우는 훈련을 먼저 해야 합니다. 경제공부, 정치공부보다 먼저 전도공부 제자훈련 공부를 먼저 해야 합니다. 그걸 먼저 해놓고 다른 공부해야 돼요. 그런데 우리는 거꾸로 하잖아요. 세상공부 다 하고 나중에 전도훈련, 양육훈련 받습니다. 그 훈련 받고 일 할만 하면 환갑이고 진갑이 됩니다. 그러면 훈련 받기는 받았는데 다리가 풀려서 아무 일도 못하고 '쉬자. 쉬자' 하다가 천국 갑니다. 어려서부터 사역하고 공부하고 그리해야 할 것인데 실컷 세상적으로 살다가 훈련 받아볼까 하면 나이가 80, 90이 되어 곧 천국 갑니다. 우리는 그리하면 안됩니다. 먼저 목양 제자훈련을 가르쳐야 합니다. 먼저 전도하고 양육 잘하면 그 사람은 현대나 삼성에 회장하라 시켜도 합니다. 전도하고 제자 삼는 것은 사람 다루는 것입니다. 그거 잘하면 이건희 회장이 회장 물려주어도 할 수 있습니다. 뭐하면 됩니까? 직속부하 한 사람만 잘 다스리면 됩니다. 무슨 말인지 이해가 되세요. 그 한 명에게 목숨거는 거예요. 오너는 중요한 한 사람에게 목숨을 걸어야 돼요. '우리 회장님이 나에게 목숨 걸고 도와주는구나' 그러면 그때부터 그 사람들이 충성하는 거예요. 모든 에너지를 다 바치고 제자 훈련하는 원리나 한 그룹의 운영원리가 같습니다. 똑같은 원리입니다. 우리가 전도하고 제자 삼는 것이 한 그룹 이끄는 것보다 더 어렵습니다. 그러니까 목양교사하면 대통령도 할 수 있습니다. 왜? 이 일은 영적인 문제니까. 이 일은 주님이 함께 하는 영적인 문제입니다.

4차원의 영적세계는 3차원 세계를 지배 합니다. 다스립니다. 그러니까 4차원 영적세계 즉 전도하고 제자 삼는 일을 잘하면 이 땅의 모든 것을 다스릴 수 있는 권세가 회복됩니다. (아멘) 그러므로 우리는 목양제자 훈련부터 해야 합니다. 여러분! 평생에 목양제자 10명을 세우세요. 죽기까지 몇 명을?

10명을. 열 명 못 세우면 천국 가지 마세요. 열 명 못 세우면 내 생명을 연장시켜 달라고. 여러분 죽기 직전에 생명을 연장시켜 달라고 하는 이유가 많겠죠? '이왕이면 주여 8명 했습니다. 두 명 더 세우고 가고 싶습니다. 30년만 더 살아야겠습니다.' 두 명 하는데 30년 걸릴 수 있습니다. '제가 오래 살고 싶은 게 저를 위해서가 아닙니다. 주님! 10명 작정했는데 두 명을 못했습니다. 목양제자 10명하기까지 생명을 연장시켜 주세요' 하나님이 그 기도를 기뻐할까요? 안 할까요? 기뻐하죠. 히스기야가 그냥 옛 추억을 기억하시고 했는데도 15년 생명을 연장 받았습니다. 목양제자 삼기 위해 기도하면 30년 연장 안 되겠습니까? 왜요? 이 땅에 사는 목적이 분명하니까요.

여러분! 목양제자가 돼야 할 줄로 믿습니다. 왜? 전도하고 제자 삼는 전문가, 성장하면 늦습니다. 어렸을 때부터 전도하고 제자 삼는 영성으로 자라나면 성장하면서 지도력이 회복됩니다. 목양제자로 가는 방향이 선명하면 하나님이 도와주십니다. 어릴 때 요셉은 하나님의 분명한 비전을 갖고 있었습니다. 그러니까 그가 수많은 시련이 와도 괜찮았습니다. 왜요? 시련이 올수록 하나님이 요셉과 함께하셨기 때문에. 목양제자 비전을 심고가면 하나님이 함께하시는 축복이 있습니다. 여러분! 꿈을 목양제자로 가지시기를 바랍니다. "주여! 전도하고 제자 삼는 사람이 되고 싶습니다." "목사님과 동역하며 목숨 걸고 싶습니다." 이게 여러분의 1번 기도 제목입니다.

이걸 기도하는 교인이 한국교회 1%가 안됩니다. 평범하게 살지 마시고 1% 속에 들어가면 좋잖아요. 입만 열면 '우리 가정 복주시고 우리 자녀 복주세요' 보다 "하나님, 전도하고 제자 삼고 싶습니다." "하나님, 목사님께 목숨 거는 동역자가 되고 싶습니다." 이 기도를 얼마나 하나님이 기뻐하시겠어요. 그것도 어릴 때부터, 유치부 때부터 하면. 요셉이 어릴 때부터 하나님의 꿈을 가진 목양제자가 되니 크게 들어 사용하셨습니다. 여러분이 그런 교사가 되셔야 합니다. (아멘)

다시 물어봅시다. 여러분 꿈이 뭡니까? 목양제자. 진심이십니까? 여러분 자신의 꿈을 버려야 돼요. 여러분 초등학생이 꿈을 버리는 게 쉬울까요. 대학생이 꿈을 버리는 게 쉬울까요. 청년들은 꿈을 버리라하면 갈등하고 도망갑니다. 성경의 부자 청년처럼. 우리가 사역을 해도 아이 때가 더 좋습니다. 이럴 때 목양제자 비전을 심어야 돼요. 여러분, 맡겨진 아이들에게 목양제자 비전을 심어야 돼요. 그래서 내가 사는 목적―목양제자. 나는 전도하고 제자 삼는 사람이고, 나는 목사님의 목회사역에 목숨 걸고 돕는 동역자다. 목사님과 하나님께 목숨 거는 제자다. 공부 잘하고 돈을 많이 벌어도 오직 전도하고 제자 삼겠다. (아멘) 대학 교수가 돼도 그걸 수단 삼아서 전도하고 제자 삼겠다. 돈을 많이 벌어도 그걸 수단 삼아서 전도하고 제자 삼겠다. 내가 아무리 큰 부자가 되어도 목사님의 동역자로 내가 쓰임 받겠다. 이게 목양제자입니다. 목

양제자가 됩시다. 이런 사람이 딱 한 명만 있으면 됩니다. (할렐루야)

하나님은 가정이나 주변 환경이 어려운자를 들어 쓸 때가 있습니다. 절대로 여러분이 사역하면서 동정론으로 가지 마세요. 여러분의 제자들한테. 부모가 이혼 한 가정의 자녀를 동정론으로 다가가서는 안됩니다. 하나님이 그들을 더 크게 쓴다는 걸 믿고 정말 하나님의 마음으로 더 강력하게 그들을 키워줘야 합니다. '나도 그렇게 컸는데 그저 사랑에 굶주린 아이들인데. 사회 문제가 사랑의 굶주림 때문에 생겨지는데' 절대 이런 논리로 가지 마세요. 이 세상 사회문제는 죄 때문에 생겼습니다. 청소년 문제는 정에 굶주리고 사랑을 못 받은 게 문제가 아니에요. 청소년들의 문제는 죄의 문제입니다. 영적인 문제예요. 제발 우리 교사들은 가정이 깨져 정을 못 받은 것으로 청소년 문제를 보면 안됩니다. 정을 많이 받은 애들도 타락합니다. 때로는. 그러므로 영적인 문제입니다. 죄가 들어 왔고 그들이 하나님을 모르므로 하나님을 못 만나서 그렇습니다. (아멘) 우리가 그들에게 정 주려고 하지 마세요. 하나님을 만나도록. 하나님의 꿈을 품도록 여러분이 도와주셔야 합니다. (할렐루야) 그것이 좋은 교사입니다. 그들 속에 목양 제자를 심으세요. 주일마다 만날 때 "애들아 목양제자가 돼야 해" "목양제자가 뭔데요?" "목양제자는 전도하고 제자 삼는 사람이야" "나는 어떻게 합니까?" "지금은 몰라도 할 수 있어” 그러면서 가르쳐 주어야 합니다. 동생한테 구구단 가르쳐 줄 수 있지. 2×2=4. 가르쳐 줄 수 있습니다. 처음부터 목사님처럼 해야 된다고 하니까 어렵지, 하나도 어렵지 않습니다. 요절 암송 가르치라면 가르칩니다. 그게 양육하는 거잖아요. 사실 어려운 게 아닙니다. 그러다가 설교자가 되고 하나님이 쓰시는 위대한 종이 됩니다.

목양제자의 비전을 심어야 합니다. 결단하고 그 이후에 타락할 수 있습니다. 그러나 결단을 두려워 마세요. 집회 때마다 결단하셔야 해요. 문 앞에 나가다 설령 바뀌는 일이 있어도 “주여, 이 모습이 내 모습입니다.” 결단하고 문 앞에 나섰는데 또 마음이 바뀝니다. “긍휼히 여겨주소서” 그 분이 진짜 겸손한 사람입니다. 미리 타락 할걸 생각하고 결단 안하는 사람이 있습니다. 그 사람은 교만한 사람입니다. 하나님의 능력을 믿지 않는 사람입니다. 여러분, 우리는 그렇게 할 수 없어요. 주님이 도와주시면 가능할 줄로 믿습니다. 목양제자가 되겠다고 손드는 사람을 하나님이 도와주십니다. 여러분, 사업을 실패한 분 계시죠? 사업 실패했다고 인생 망하는 게 아닙니다. 목양제자가 되면 돼요. 여러분 가정에 큰 위기가 왔습니까? 괜찮습니다. 목양제자가 되면 괜찮습니다. 사업 성공하고 가정이 화목해도 목양제자가 안 되면 다 헛되고 헛됩니다. 그러니까 뭘 성공해야 할지, 뭘 우선적으로 붙잡아야 될지, 여러분에게 어떤 문제가 와도 목양제자로 서 있으면 괜찮습니다. 역전하게 되어 있습니다. 역전될 것입니다. 괜찮을 것입니다. (할렐루야) 걱정하지 마십시오. 불 속에 들어가도 살아나오고 사자 굴속에 들어가도 살아나옵니다. 괜찮습니다. 그런 사람은 죽고 싶다고 넘어져도 엘리야에게 찾아가서 일으키듯이 하나님은 틀림없이 포기하지 않고 도와주실 줄 믿습니다. 그러니까 목양제자가 되겠다 결단해서 내가 손해 볼게 하나도 없습니다.

여러분, 목양제자가 되는 게 두렵습니까? 목사님에게 목숨 거는 게 두렵습니까? 죽고자 하는 자는 살 것이라 했습니다. 여러분, 내가 목사님께 목숨을 걸면 목사님이 나에게 목숨 걸고 기도해 줍니다. 축복은 거기서 끝난 겁니다. 목사님이 목숨 걸고 중보 기도하면 그 사람의 앞길을 막을 자가 없습니다. (할렐루야) 하늘 문이 열리게 되어 있습니다. 그러니까 우리가 목양제자의 마음으로 가야 되는 거예요. 여러분, 목양제자가 된 게 내 인생과 우리 가문에 최고의 복입니다. 목사님들은 다 목양제자입니다. 전도하고 제자 삼죠. 생명을 걸었잖아요. 여러분이 목사님이 왜 부러워야 되느냐면 목양 제자니까 부러워해야 됩니다. 목사님만 목양제자는 아닙니다. 여러분도 목양제자가 될 수 있습니다. (할렐루야)

대학 떨어져 재수해도 사업실패해도 목양제자 하면 괜찮습니다. 재수하면 더 좋은 대학 가게 됩니다. 목양제자 안 되고 아무리 좋은 대학 들어가도 사실은 더 어렵습니다. 우리가 목양제자 되는 것이 더 중요합니다. 사업이 실패해도 목양제자 되면 더 좋은 사업으로 하나님이 인도하십니다. 틀림없습니다. 목양제자 안 되고 사업 잘되면 타락하게 되어 있어요. 주일날 바이어 만나고 하면서 교회는 점점 더 멀어집니다. 목양제자가 되면 흥해도 좋고 망해도 좋고. 왜냐하면 망해도 하나님이 역사하실 것이고, 잘 되도 하나님이 역사하실 것입니다. 그게 성경에 있지 않습니까? 요셉과 다윗과 다니엘과 얼마나 많은 사람들이 그 증거를 보여 주고 있습니까? 여러분 목양제자가 돼야 할 줄로 믿습니다.

목양제자가 뭐죠? 전도하고 제자 삼는 사람. 한 사람을 전도했으면 제자삼아야 합니다. 예수님은 이런 분이다. 예수님을 믿어야 합니다. (아멘) 기도는 이렇게 하는 거야. 예배는 이렇게 드리는 거야. 전도하고 제자 삼는 게 목양교사 아닙니까? 어려울 게 전혀 없습니다. 그리고 내가 아는 만큼만 전해 주면 됩니다. 내가 아는 만큼만 양육하면 돼요. 모르는 것은 목사님하고 앉아서 배우면 돼요. 그게 양육입니다. 어떻게 여러분이 목사님처럼 전문가가 되어 완벽하게 가르치겠습니까? 우리도 때로는 가다가 깨닫는 게 있습니다. 그러므로 너무 두려워 마세요. 전도하고 제자 삼는 게 어려운 것 아닙니다. 여러분이 전도하고 제자 삼으려고 하면 그 아이에게 필요한 말씀을 미리미리 꼭 깨닫게 하십니다. 목양교사의 축복이 있습니다. 그 중에 하나가 말씀의 축복입니다. 교사보다 학생이 먼저 깨닫는 적이 없어요. 하나님은 질서의 하나님이십니다. 목양제자가 돼야 합니다. 전도하고 제자 삼는 사람이 돼야 합니다. 전도는 하나님의 소원입니다. (아멘) 그런데 하나님이 죽어가는 영혼 때문에 마음이 찢어지게 아플까요? 그들을 전도할 제자가 없어서 마음이 찢어지게 아플까요? 하나님이 어떤 게 마음이 더 아플까요? 제자가 없는 게 마음이 더 아프다고 마태복음 9장에 말씀했습니다. 그러면 우리가 하나님의 마음을 시원하게 해드리려면 뭐 돼야 해요? 제자가 돼야 합니다. 하나님의 마음을 시원하게 해드리려면 제자가 없다했으니까 구원받은 내가 제자가 되고 하나님의 아픔인 잃어버린 영혼을 찾아가야 합니다. 목양제자가 되면 두 가지를 동시에 해결하는 거요. 그러니 이게 얼마나 중요합니까?

목양제자가 되면 오는 축복이 뭔지 아세요? 정복과 임마누엘. (할렐루야) 이 외에도 또 많습니다. 목양제자가 되면 손만 올리면 기적이 나타납니다. 믿음으로 올리기만 하면, 마가복음 16장. "믿음으로 손을 얹은즉 나으니라" 믿음으로 기도하면 귀신이 떠나가고 이게 목양 제자에게 준 능력과 축복입니다.

여러분, 영성이 똑같지 않습니다. 능력 한계에 차이가 있습니다. 목양제자로 생명을 바치며 가면, 그 영성이 다릅니다.

손잡아 보고, 눈빛을 보면 다릅니다. 목양영성이 들어간 사람은 안수해 보면 아멘 소리가 다릅니다. 어떤 사람은 안수기도 해도 아멘도 안하는 사람이 있습니다, 목양 영성이 들어간 사람은 "아멘! 아멘!" 아멘이 힘이 있습니다.

여러분 목양제자가 되셔야 합니다. 전도 전문가가 되세요. 전도는 하나님의 소원이에요. 전도하는 사람은 조금 실수해도 봐준다. 전도하는 사람은 조금 부족해도 봐줘요. 왜냐? 전도를 하나님이 기뻐하시니까요. 그런데 더 중요한 게 있습니다. 전도한 사람을 제자 삼으면 하나님이 정말 축복하세요. 여러분, 하나님의 사람 하나 키우는 게 얼마나 어려운지 아세요? 노무현 대통령과 김대중 대통령의 차이를 아세요. 김대중 대통령은 사람을 키웠어요. 야당하면서 고난당하고 시련 당하며 우리로 말하면 제자훈련이죠. 사람을 수 십 년간 키웠어요. 노무현 대통령은 갑자기 대통령이 됐습니다. 자신도 놀라고 국민도 깜짝 놀랐어요. 사람 키워 놓지 않아서 어려운거요. 주변인이 있었지만 대통령하려면 그 정도 가지고는 안 되잖아요. 저는 그 차이라 생각합니다. 그러니까 우리가 사람 하나 키우는 게 그 만큼 어렵습니다. 하루아침에 되지 않습니다. 쉬운 이야기가 아닙니다.

여러분! 전도하고 제자 삼는 게 얼마나 소중하고 세상을 정복하는 지름길입니다. (할렐루야) 그러니까 목양제자가 돼야 합니다. 여기 교사 안하시는 분이 계시면 교사하셔야 합니다. 운전만 하지 마세요. 한 명을 하더라도 교사하셔야 돼요. 어떤 분은 그래요. '나는 교사하기는 그렇고 차량봉사만 해줄게. 그 분은 목양제자가 아니예요' 우리가 듣기 좋은 말로 차량교사 하지만 성경에는 그 명칭이 없어요. 기사 아저씨지. 교사라는 말을 아무데나 붙이면 안됩니다. 사실은 한 사람이라도 안 떠나보내려고 간식교사라 하고 반주교사라 하데요. 교사란 가르치는 자에게 쓰는 말입니다. 교사란 제자 삼는 사람에게 쓰는 말입니다. 차량하면서 한 사람 키우고 반주 하면서 한 사람 키우고, 주방봉사 하면서 한 사람 키우고, 그렇게 해야 진짜 교사입니다. 여러분, 영성은 사람을 가르칠 때 오는 것입니다. 내가 한 명은 할 수 있거든요. 한 명. 여기 혹시 차량교사 오셨습니까? 조수석에 내 제자 한 사람 태우고 같이 다니면서 제자훈련하고 차량운행 하셔야 돼요. 한 명을 제자 삼아봐야 차에 타는 아이들이 얼마나 소중한 줄을 압니다. 한 명을 해 봐야. 한 명을 해 봐야 그 한 사람 소중한 줄을 아니까 아이들을 기다리기도 하고 아이들이 차를 어지럽혀도 이해해주고. 한 명을 안 맡은 차량운행자는 과자부스러기 때문에 난리입니다. 좀 어지럽히면 어떻습니까? 아이들인데. 교사 해보면 그 마음이 달라집니다. 차량교사가 큰 소리 내면 교사는 불안해집니다. 아이들이 차를 어지럽히면 난리 납니다. 살벌합니다. 아이스크림 주는 날은 전쟁 납니다. 그 안에서 사탄이 방해를 참 많이 합니다. 그러니까 차량교사라 하지 말고 차량기사님 하세요. 교사로 한 명을 맡아봐야 '집사님, 권사님은 20명, 30명 어떻게 할까? 너무 귀하다 내가 차량으로 잘 섬겨야지' 한 명을 안 해보면 그걸 모릅니다. 추운 겨울 날 '1분을 기다려 주자' 이런 마음이 듭니다. 한 명 안 해본 사람은 1분 먼저 '오라이, 고우. 안 온 사람은 택시타고 오세요' 선생님은 입이 이만큼 튀어 나옵니다. 하루 종일 열 받아 가지고. 오죽하면 우리교회도 임대차로 돌리자했겠습니까? 임대차 기사는 돈 받고 하는 거니까 잡음이 없습니다. 목양제자가 되고 차량운행도 해야 합니다. 목양제자가 되고 반주도 해야 합니다. 목양제자가 되고 찬양인도자도 해야 합니다. 우리 교회는 교사 거친 사람만 찬양인도 시킵니다. 찬양인도자는 교사해봐야 한 영혼이 왔을 때 귀한 줄 압니다. 교사 안 해보고 찬양인도만 하면 그 영성이 못 따라 갑니다. 목양제자가 되고 찬양인도하고 목양제자가 되고 반주하고 목양제자가 되고 차량봉사까지 해야 합니다. 목양제자가 되고 어떤 사역이라도 해야 할 줄 믿습니다. (아멘)

1. 심방은 삼위일체 하나님의 마음이다.

이 말은 창세기 3장에 보면, 죄를 지은 아담에게 누가 찾아 오셨죠? 하나님이 찾아오셨어요. 왜 찾아 오셨죠? 왜? 아담과 하와의 부끄러움을 가려주시고 양을 잡아 가죽옷을 지어 입히시고 구원의 길을 열어주시기 위해 찾아오셨습니다. 이게 하나님의 마음입니다. 더 놀라운 마음이 있습니다. 빌립보서 2장에 예수님께서 인간으로, 4천년 전에 계획한 예수님이 직접 인간의 몸으로 찾아오셨습니다. 심방을 직접 오셨어요. 가장 멀리서 심방 온 분 중에 한 분이 누구냐? 예수님이십니다. 그런데 우리는 조금만 멀면 다리 아프다고 심방 안 갈려고 합니다. 11층 아파트에 살면 왜 이리 높은데 사노? 우리 주님은 엄청나게 높은 곳에서 내려 오셨어요. 그러니까 심방하면 하나님의 마음과 일치하게 됩니다. 심방은 하나님의 마음입니다. 사도행전 2장에 마가의 다락방에서 기도할 때 누가 찾아 왔습니까? 성령님이 찾아오셨습니다. 심방은 삼위일체 하나님의 마음입니다. 무슨 뜻이죠? 삼위일체 하나님은 우리보고 "오라" (마태복음 11:28) 하시기도 했지만 먼저 찾아오셨어요. 그러면 우리는 사역할 때 오라 해야 되기도 하지만 찾아 가야 합니다. 찾아 가는 사역을 해야 합니다. 때로는 오라해야 하지만 찾아가는 사역이 아버지 마음의 사역입니다. 그러므로 심방은 하나님 아버지의 마음으로 사역하는 것입니다. 심방 안 하는 사람은 아직 온전한 사역은 아닙니다.

2. 심방은 아버지의 마음을 얻는 지름길이다.

우리가 기도할 때 아버지의 마음을 달라고 하잖아요. "아버지, 하나님의 마음을 주세요” 여러분! 아버지의 마음이 그냥 기도만 한다고 오는 줄 아세요? 심방 가보신 분들 계시죠. 심방 가보면 아버지의 눈물이 쏟아질 때가 있습니다. 심방 딱 가면 내 마음에 주님의 마음이 올 때가 있습니다. 교회에서 그렇게 기도해도 오지 않던 감동이 현장에 가보면 찡하게 옵니다. 마음에 뭉클함이 있습니다. 심방 갔다 돌아오면서 한없이 울어 본 경험이 있는 사람 아멘 해봐요. 안타까워 울기도 하고 감격해서 울기도 하고 아이들이 너무 너무 불쌍해서 울기도 하고.

우리 교회 어떤 성도님은 심방 갔는데 “네가 책임져라”하더래요. ‘부모를 봤지 않느냐? 술 먹고 개패듯이 자녀를 패고 저렇게 욕하는데 네가 영적자녀로 삼고 네가 책임져라’ 하는 마음이 오더랍니다. 그러니 얼마나 감격과 감동과 안타까움의 눈물이 쏟아 졌겠습니까? 깜짝 놀랐습니다. 교회 와서는 그렇게 밝은 아이가 집에 가보니까 아버지가 술을 먹고 욕을 하는데 전혀 들어보지 못한 욕들을 자식한테 퍼 붓는 거예요. 의외로 그런 아버지 많습니다. 선생님 입장에서 그걸 보니까 얼마나 마음이 아프겠어요? 그런 영적상황에서 자라니. 그 집에서 돌아서는 순간 주님의 마음이 쏙 들어오는거요. 그러니까 선생님 눈으로 보는 게 아니고 주님의 눈이 들어와 그 아이를 보기 시작하는 것입니다. 그게 심방 사역의 축복입니다.

심방은 아버지의 마음을 얻는 지름길입니다. 누가복음 15장에 아버지의 마음은 찾는 기쁜 마음입니다. 여러분 토요일마다 심방 다니면 언제가 제일 기쁨이 있습니까? 6개월 동안 못 만난 아이를 딱 만났어요. 그렇게 만나려고 해도 못 만나던 아이를 심방가다 만났어요. 기뻐요. 안 기뻐요? 목소리가 높아져요. 안 높아져요? 6개월 만에 어떤 자기반 아이를 만났습니다. '애~야!' 그러겠습니까? 그때는 체면이고 인격이고 없습니다. "00야!" 좇아가니까 아이가 깜짝 놀라가지고. 아이는 왜 놀래요? 지금 선생님 피해 도망 다니는 중인데 선생님이 기뻐가지고 막 뛰어오니까 아이가 깜짝 놀라는 거예요. 그 아이는 그 순간이 충격일겁니다. 내가 6개월 안 나갔는데 나를 보더니 저렇게 좋아한다. 이유는 모르지만 아이는 충격입니다. 초등학생으로 돌아가 보면 다 안다니까요. 그때 마음이 '내일 교회 가야 되겠다.' 우리 선생님 이리 좋아하네. 아이들은 선생님이 나를 좋아 한다는 확인만 되면 교회를 떠나지 않습니다. 예수님을 떠나서 선생님이 나를 좋아하는구나. 나를 아끼는구나 확신만 되면 다른 교회로 안 갑니다. 안 나오다가 언젠가는 다시 옵니다. 그걸 확인시키는 게 심방입니다. 심방하며 1:1로 만나다보면 아이들이 그걸 느낍니다.

또 집에 찾아가면 아이들이 진지합니다. 굉장히 진지해요. 학교 앞에서는 친구들하고 개구쟁이 짓 하지만 집에 가면 개구쟁이처럼 노는 아이가 없습니다. '선생님 오셨습니까?' 인사합니다. 그러면서 집안이 조금 그런 아이들은 눈치를 봅니다. 그걸 보는 선생님은 마음이 아픕니다. 어떤 면에서는 그게 그 아이의 본 마음입니다. 심방가야 아이들을 진짜 만날 수 있습니다. 보통 때 어울려 다니는 모습은 진짜 모습이 아닐 수 있습니다. 그들이 시달리는 영적인 문제, 실제 현장의 어려움. 그 아이들을 만나야 비로소 느낄 수 있습니다. 아버지의 마음. 찾는 기쁜 마음.

심방가면 어떤 마음을 얻습니까? 낮아지는 겸손한 아버지의 마음. 진짜 별거 아닌 부모 있습니다. 심방 가보면 진짜 상대가 안 되는 부모가 있습니다. 대화할 가치가 없는 부모도 있습니다. 하지만 그 앞에 설 때 대통령 앞에 서는 것처럼. '저 어느 교회서 왔습니다.' 그 순간 본인이 낮아지는거예요. 그런 체험해 보셨죠. 거친 부모인데도 '아이를 교회 보내달라고' '우리 아이는 안 보냅니다.' 때로 아더매치유 할 때가 있습니다. (아니꼽고 더럽고 매스껍고 치사하고 유치할 때가 있어요). 어저깨는 가라고 해놓고 '우리는 불교라 안 보낸다.' 그럴 때도 '아이를 보내 주시면 사랑으로 잘 교육시키겠습니다.' 이게 지금 낮아진 마음입니다. 심방 가보면 여러분도 모르게 그렇게 됩니다. '그래요. 보내지 마세요. 그러지 않아도 아이들이 많아 복잡한데' 이런 말이 안 나옵니다. 절대로. 이리 안 합니다. 여러분도 깜짝 놀랄겁니다. 여러분 모습을 보며. 내가 이 정도까지 하나? 그런 마음 가져 본 사람 아멘 해봐요. 봐요 있잖아요. 본래 모습은 그렇지 않은데 심방하다보니 자기도 모르게 낮아진 것입니다.

　심방을 많이 할수록 겸손해집니다. 심방을 많이 할수록 아버지의 마음이 더 많이 들어옵니다. 여러분이 심방을 적극적으로 해야 합니다. 여러분이 변화되기를 원하면 심방을 적극적으로 해야 합니다. 그만큼 심방이 쉽지는 않습니다. 내가 낮아지고 이러는 과정이니까요. 어느 날 피곤하면 철수 집에 가서 엄마한테 사정 해야 하는데 그 욕쟁이 엄마. 길에서 만나면 창피스런 엄마. 그런데 토요일만 되면 철수를 생각해서 찾아가 '어머님~~' 목양 안하면 언제 그리하겠습니까? 목양 안 하면 돈 나오는 일도 아닌데 그리하겠습니까? 백화점 아가씨들은 월급 나오니까 90도로 깍듯이 인사하죠. 우리는 돈 때문에 이러는 게 아니잖아요. 오직 영혼 때문에. 심방 간다고 부모가 교회 오는거 아니잖아요. 그러니까 심방을 많이 할수록 사람이 빨리 바뀝니다. 거친 부모 만날수록 내가 빨리 변화되고. 여러분이 상대하기 어려운 부모가 있습니다. 참 같지 않은 사람이 있습니다. 부모들 질이 떨어지는 사람 많아요. 여러분도 전에는 그리 살았겠지만 같잖은 사람 많아요. 그래도 교회 목사고 선생님이니까 인격적으로 대해야 할건 데. '왜 왔습니까? 왜' '내가 안 보낸다고 했잖습니까' 누구 때문에 그래도 참죠. 예수님 때문에. 이걸 자주 하다보면 자기도 모르게 몸에 베는 거예요. 여러분 이게 축복입니다. 이게 우리를 만들어가는 축복입니다.

그래서 진짜 심방을 교사들이 싫어합니다. 사람들 앞에 낮아지기 싫거든요. 교회 오는 아이들은 가르치고는 싶은데. 같잖은 부모 만나는 것을 싫어하는 사람이 많습니다. 숙이는 자체가 싫거든요. 그런데 우리 예수님은 주님이신데 인간이 되어 이 땅에 오셨습니다. 예수님은 숙일 정도가 아니예요. 완전히 자기를 비우고 내려와서 종으로 왔습니다. 심방을 해봐야 주님을 만날 수 있습니다. 아버지의 마음을 얻는 지름길이 심방입니다. 한번 해보세요. 심방사역까지 해야 더 깊은 목양의 영성 안으로 들어가게 될 줄 믿습니다.

3. 심방은 목자의 핵심사역이다.

잠언 27장 23절. "네 양떼의 형편을 부지런히 살피며 네 소떼에 마음을 두라" 여러분 심방 안하면 양떼의 형편을 알까요? 모를까요? 모릅니다.

요한복음 10장 27절. "내 양은 내 음성을 들으며 나는 저희를 알며 저희는 나를 따르느니라" 심방 안하면 어린이와 선생님이 절대로 하나가 안됩니다. 심방을 가야 그들의 음성을 들을 수 있습니다. 고통의 음성, 가정의 고통 하는 음성, 그 아이의 삶의 음성, 영적인 음성이 심방가야 들려집니다. 그들은 선생님의 음성을 듣습니다. 그때 제자가 되는 거예요. 그때 순종하고 제자가 됩니다. 전체가 있을 때는 그게 안 보입니다. 예수님은 내 양은 내 음성을 듣는다고 했습니다. 나는 저들을 알고 내 양은 내 음성을 듣는다 했습니다. "네 소떼에 마음을 두라" 심방가야 그들이 내 마음에 들어와요. 심방가야. 심방 안가면 안됩니다. 심방을 통하여 양과 목자가 하나 됩니다. (아멘)

4. 심방은 강한 영적 전쟁이다.

심방가면 마귀에게 눌린 현장을 봅니다. 심방 가서 마귀에게 꽉 눌린 현장을 본 사람 있으면 아멘. 심방 가보면 그런 현장을 보게 됩니다. 꽉 눌린 현장이 있습니다. 그러니까 심방은 강력한 영적전쟁을 느끼게 합니다. 아주 귀한 주님이 강하게 쓰실 아이일수록 부모가 사나워져요. 갑자기. 굉장히 부모가 사납습니다. 우리가 두려울 정도로. 마귀가 역사하면서 그렇습니다. 심방을 해보면 그 아이가 은혜 받으려 하면 부모가 강하게 나오면서 핍박을 합니다. 그때는 지혜가 필요합니다. 한 발 뒤로 갔다가 두 발 앞으로 가야 합니다. 부모가 잘 보내주다가 아이가 은혜 받고 양육 받는걸 보면 부모가 반대하면서 강하게 나옵니다. 그때는 절대로 정면 승부하면 안됩니다.

지혜롭게. "예 감사합니다. 예 다시 기도하겠습니다." 한주 지나고 다시 기도하면서 찾아가야 돼요. 화가 치밀어서 "내가 과자 사주고 온갖 것 다 해줬는데 00엄마 그럴수 있느냐" 그러면 끝나는 겁니다. 앞집 옆집 동네방네 다 이야기 합니다. '저 선생님 깡패라 하면서' 그럴 때 영적 전쟁은 지혜가 필요합니다. 기도 더 많이 하고 그 다음 주 찾아가면 뭐라하는 줄 아세요. '아. 지난주는 미안했다.' '그때는 내가 왜 그랬는지 모르겠다. 우리 아이 잘 부탁한다.' 이런 경험 해보신분 아멘. (아멘). 봐요. 계시잖아요. 심방은 영적 전쟁입니다. 그러니까 강하게 반대 할수록 감사하셔야 돼요. '이 아이를 주님이 귀하게 쓰실려나 보다. 이 아이에게 진짜 은혜가 들어갔구나' 그렇게 보시면 되는거요. 은혜가 강하게 안 들어 갔을 때는 마귀가 강하게 반대 안합니다. 은혜가 강하게 들어갔을 때는 마귀가 강하게 반대합니다. 심방을 통해서 그것을 느낄 수 있습니다. 심방은 강력한 영적 전쟁입니다.

여러분 마가복음 5장에도 그런 현장이 있습니다. 1~20절. "예수께서 바다 건너편 거라사인의 지방에 이르러, 배에서 나오시매 곧 더러운 귀신 들린 사람이 무덤 사이에서 나와 예수를 만나다. 그 사람은 무덤 사이에 거처하는데 이제는 아무나 쇠사슬로도 맬 수 없게 되었으니, 이는 여러 번 고랑과 쇠사슬에 매였어도 쇠사슬을 끊고 고랑을 깨뜨렸음이러라 그리하여 아무도 저를 제어할 힘이 없는지라. 밤낮 무덤 사이에서나

산에서나 늘 소리지르며 돌로 제 몸을 상하고 있었더라. 그가 멀리서 예수를 보고 달려와 절하며, 큰 소리로 부르짖어 가로되 지극히 높으신 하나님의 아들 예수여 나와 당신과 무슨 상관이 있나이까 원컨대 하나님 앞에 맹세하고 나를 괴롭게 마옵소서 하니, 이는 예수께서 이미 저에게 이르시기를 더러운 귀신아 그 사람에게서 나오라 하셨음이라. 이에 물으시되 네 이름이 무엇이냐 가로되 내 이름은 군대니 우리가 많음이니이다 하고, 자기를 이 지방에서 내어 보내지 마시기를 간절히 구하더니, 마침 거기 돼지의 큰 떼가 산 곁에서 먹고 있는지라. 이에 간구하여 가로되 우리를 돼지에게로 보내어 들어가게 하소서 하니, 허락하신대 더러운 귀신들이 나와서 돼지에게로 들어가니 거의 이천 마리 되는 떼가 바다를 향하여 비탈로 내리달아 바다에서 몰사하거늘, 치던 자들이 도망하여 읍내와 촌에 고하니 사람들이 그 어떻게 된 것을 보러 와서, 예수께 이르러 그 귀신 들렸던 자 곧 군대 지폈던 자가 옷을 입고 정신이 온전하여 앉은 것을 보고 두려워하더라. 이에 귀신 들렸던 자의 당한 것과 돼지의 일을 본 자들이 저희에게 고하매, 저희가 예수께 그 지경에서 떠나시기를 간구하더라. 예수께서 배에 오르실 때에 귀신 들렸던 사람이 함께 있기를 간구하였으나, 허락지 아니하시고 저에게 이르시되 집으로 돌아가 주께서 네게 어떻게 큰 일을 행하사 너를 불쌍히 여기신 것을 네 친속에게 고하라 하신대, 그가 가서 예수께서 자기에게 어떻게 큰 일 행하신 것을 데가볼리에 전파하니 모든 사람이 기이히 여기더라"

　누가복음 4장에도 주님이 그 현장 속에 가서 복음을 전합니다. 17~18절. "선지자 이사야의 글을 드리거늘 책을 펴서 이렇게 기록한 데를 찾으시니 곧, 주의 성령이 내게 임하셨으니 이는 가난한 자에게 복음을 전하게 하시려고 내게 기름을 부으시고 나를 보내사 포로 된 자에게 자유를, 눈먼 자에게 다시 보게 함을 전파하며 눌린 자를 자유케 하고" 심방가서 보면 그렇습니다.

　사도행전 8장에도 보면 마찬가지입니다. 4~8절. "그 흩어진 사람들이 두루 다니며 복음의 말씀을 전할새, 빌립이 사마리아 성에 내려가 그리스도를 백성에게 전파하니, 무리가 빌립의 말도 듣고 행하는 표적도 보고 일심으로 그의 말하는 것을 좇더라. 많은 사람에게 붙었던 더러운 귀신들이 크게 소리를 지르며 나가고 또 많은 중풍병자와 앉은뱅이가 나으니, 그 성에 큰 기쁨이 있더라" 마귀가 집안을 핵폭탄 터뜨리듯이 파산시킨 집이 많습니다. 어떤 집은 엄마가 여러 번 바뀐 집이 있습니다. 언제 또 다른 엄마가 올런 지. 심방해보면 가정사역이 얼마나 중요한지를 압니다. 심방해보면 보편적인 가정, 평범한 가정이 얼마나 행복한지를 압니다. 특별히 부자가 아니라도. 부모와 아이들이 살면서 부유하지 않아도 행복하게 사는 것을 심방해 보면 알게 됩니다. 혹시 가정에서 투정하는 아내를 둔 남편이 있다면 자꾸 심방가라고 등 떠미시기 바랍니다. '누구네 집은 40~50평인데 우리는 이십 몇 평 하는 부인이 있으면 목사님하고 잘 짜가지고 부인을 심방 보내시기 바랍니다. 한번 가보세요. 23평이 아니라 10평이라도 가족이 함께 있고 꿈이 있다면 행복합니다. 요즘 그렇지 못한 가정이 너무 많습니다. 심방해보면 가정사역의 중요성을 깨닫습니다. '이 아이를 통해 그 가정을 살려야하겠구나' 양육해야 할 절박함이 깨달아집니다. 심방해보면 양육의 중요성을 알게 됩니다. 때로는 그 집에 가서 성경공부 해야 할 이유를 알게 됩니다.

5. 심방은 가족 복음화의 길이다.

예수님은 삭개오의 집을 찾아가서 구원사역을 하셨습니다. 누가복음 19장 9절. "예수께서 이르시되 구원이 이 집에 이르렀으니 이 사람도 아브라함의 자손임이로다."

사도행전 16장 34절. "저희를 데리고 자기 집에 올라가서 음식을 차려 주고 저와 온 집이 하나님을 믿었으므로 크게 기뻐하니라" 바울도 간수장의 집에 가서 그 가정을 구원했습니다. 여러분 심방은 가족 복음화의 지름길입니다. (아멘) 부모님을 계속 만나잖아요. 혹시 주일학교 하면서 어린이를 통해 부모를 만나고 부모가 교회 찾아온 사람 아멘 해봐요. 보세요. 그런 분이 계시잖아요. 이런 경우가 많습니다. 심방가면 부모를 만납니다. 부모에게 전도할 기회가 생겨집니다. 그러면 가정이 다 복음화 되어 집니다. 우리가 부모를 직접 만나려하면 길이 없어요. 그런데 매주 심방가서 만나는 게 얼마나 좋은 지름길입니까? 전도의 엄청난 문입니다. 그러니까 토요일 심방 갈 때 부모 전도하러 간다 생각해야 합니다. 그냥 아이 만나는 게 힘들다 생각하지 마시고 내가 전도하러 간다. "주님, 전도하러 갑니다. 아버지 마음 얻으러 갑니다." "오늘도 심방하며 아버지 마음을 얻게 하옵소서" 그렇게 가다보면 낮아지는 마음. 길거리에서 "아! 00 어머니!" 하루 열 번은 해야 합니다. 100집 심방하면 100번은 합니다. 허리가 아프고 온몸이 쑤실 정도로. 얼마나 주님이 기뻐하시겠습니까? 교회 안에서는 허리 숙여 인사할 기회가 없어요. 늘 뻣뻣하던 우리가 그 집 심방만가면 낮아집니다. 그러다보면 가족 복음화, 구원의 역사가 일어납니다. (할렐루야) 심방을 부지런히 해야 전도문이 많이 열려집니다.

6. 심방은 사람을 세워야 합니다.

성경에 보면 심방한 곳에 한결같이 사람을 세웠습니다.

사도행전 15장 41절. "수리아와 길리기아로 다녀가며 교회들을 굳게 하니라"

열왕기상 19장 1-21절. "아합이 엘리야의 무릇 행한 일과 그가 어떻게 모든 선지자를 칼로 죽인 것을 이세벨에게 고하니, 이세벨이 사자를 엘리야에게 보내어 이르되 내가 내일 이 맘때에는 정녕 네 생명으로 저 사람들 중 한 사람의 생명 같게 하리라 아니하면 신들이 내게 벌 위에 벌을 내림이 마땅하니라 한지라. 저가 이 형편을 보고 일어나 그 생명을 위하여 도망하여 유다에 속한 브엘세바에 이르러 자기의 사환을 그곳에 머물게 하고, 스스로 광야로 들어가 하룻 길쯤 행하고 한 로뎀나무 아래 앉아서 죽기를 구하여 가로되 여호와여 넉넉하오니 지금 내 생명을 취하옵소서 나는 내 열조보다 낫지 못하니이다 하고, 로뎀나무 아래 누워 자더니 천사가 어루만지며 이르되 일어나서 먹으라 하는지라. 본즉 머리맡에 숯불에 구운 떡과 한 병 물이 있더라 이에 먹고 마시고 다시 누웠더니, 여호와의 사자가 또 다시 와서 어루만지며 이르되 일어나서 먹으라 네가 길을 이기지 못할까 하노라 하는지라. 이에 일어나 먹고 마시고 그 식물의 힘을 의지하여 사십 주 사십 야를 행하여 하나님의 산 호렙에 이르니라. 엘리야가 그곳 굴에 들어가 거기서 유하더니 여호와의 말씀이 저에게 임하여 이르시되 엘리야야 네가 어찌하여 여기 있느냐, 저가 대답하되 내가 만군의 하나님 여호와를 위하여 열심이 특심하오니 이는 이스라엘 자손이 주의 언약을 버리고 주의 단을 헐며 칼로 주의 선지자들을 죽였음이오며 오직 나만 남았거늘 저희가 내 생명을 찾아 취하려 하나이다. 여호와께서 가라사대 너는 나가서 여호와의 앞에서 산에 섰으라 하시더니 여호와께서 지나가시는데 여호와의 앞에 크고 강한 바람이 산을 가르고 바위를 부수나 바람 가운데 여호와께서 계시지 아니하며 바람 후에 지진이 있으나 지진 가운데도 여호와께서 계시지 아니하며, 또 지진 후에 불이 있으나 불 가운데도 여호와께서 계시지 아니하더니 불 후에 세미한 소리가 있는지라. 엘리야가 듣고 겉옷으로 얼굴을 가리우고 나가 굴 어귀에 서매 소리가 있어 저에게 임하여 가라사대 엘리야야 네가 어찌하여 여기 있느냐, 저가 대답하되 내가 만군의 하나님 여호와를 위하여 열심이 특심하오니 이는 이스라엘 자손이 주의 언약을 버리고 주의 단을 헐며 칼로 주의 선지자들을 죽였음이오며 오직 나만 남았거늘 저희가 내 생명을 찾아 취하려 하나이다. 여호와께서 저에게 이르시되 너는 네 길을 돌이켜 광야로 말미암아 다메섹에 가서 이르거든 하사엘에게 기름을 부어 아람 왕이 되게 하고, 너는 또 님시의 아들 예후에게 기름을 부어 이스라엘 왕이 되게 하고 또 아벨므홀라 사밧의 아들 엘리사에게 기름을 부어 너를 대신하여 선지자가 되게 하라. 하사엘의 칼을 피하는 자를 예후가 죽일 것이요 예후의 칼을 피하는 자를 엘리사가 죽이리라. 그러나 내가 이스라엘 가운데 칠천 인을 남기리니 다 무릎을 바알에게 꿇지 아니하고 다 그 입을 바알에게 맞추지 아니한 자니라. 엘리야가 거기서 떠나 사밧의 아들 엘리사를 만나니 저가 열두 겨리 소를 앞세우고

밭을 가는데 자기는 열둘째 겨리와 함께 있더라 엘리야가 그
리로 건너가서 겉옷을 그의 위에 던졌더니, 저가 소를 버리고
엘리야에게로 달려가서 이르되 청컨대 나로 내 부모와 입맞
추게 하소서 그리한 후에 내가 당신을 따르리이다 엘리야가
저에게 이르되 돌아가라 내가 네게 어떻게 행하였느냐 하니
라. 엘리사가 저를 떠나 돌아가서 소 한 겨리를 취하여 잡고
소의 기구를 불살라 그 고기를 삶아 백성에게 주어 먹게 하고
일어나 가서 엘리야를 좇으며 수종들었더라"

출애굽기 3장 1-15절. "모세가 그 장인 미디안 제사장 이드
로의 양무리를 치더니 그 무리를 광야 서편으로 인도하여 하
나님의 산 호렙에 이르매, 여호와의 사자가 떨기나무 불꽃 가
운데서 그에게 나타나시니라 그가 보니 떨기나무에 불이 붙
었으나 사라지지 아니하는지라. 이에 가로되 내가 돌이켜 가
서 이 큰 광경을 보리라 떨기나무가 어찌하여 타지 아니하는
고 하는 동시에, 여호와께서 그가 보려고 돌이켜 오는 것을
보신지라 하나님이 떨기나무 가운데서 그를 불러 가라사대
모세야 모세야 하시매 그가 가로되 내가 여기 있나이다. 하나
님이 가라사대 이리로 가까이 하지 말라 너의 선 곳은 거룩한
땅이니 네 발에서 신을 벗으라. 또 이르시되 나는 네 조상의
하나님이니 아브라함의 하나님, 이삭의 하나님, 야곱의 하나
님이니라 모세가 하나님 뵈옵기를 두려워하여 얼굴을 가리우
매, 여호와께서 가라사대 내가 애굽에 있는 내 백성의 고통을

정녕히 보고 그들이 그 간역자로 인하여 부르짖음을 듣고 그 우고를 알고, 내가 내려와서 그들을 애굽인의 손에서 건져내고 그들을 그 땅에서 인도하여 아름답고 광대한 땅 젖과 꿀이 흐르는 땅 곧 가나안 족속, 헷 족속, 아모리 족속, 브리스 족속, 히위 족속, 여부스 족속의 지방에 이르려 하노라. 이제 이스라엘 자손의 부르짖음이 내게 달하고 애굽 사람이 그들을 괴롭게 하는 학대도 내가 보았으니, 이제 내가 너를 바로에게 보내어 너로 내 백성 이스라엘 자손을 애굽에서 인도하여 내게 하리라. 모세가 하나님께 고하되 내가 누구관대 바로에게 가며 이스라엘 자손을 애굽에서 인도하여 내리이까, 하나님이 가라사대 내가 정녕 너와 함께 있으리라 네가 백성을 애굽에서 인도하여 낸 후에 너희가 이 산에서 하나님을 섬기리니 이것이 내가 너를 보낸 증거니라. 모세가 하나님께 고하되 내가 이스라엘 자손에게 가서 이르기를 너희 조상의 하나님이 나를 너희에게 보내셨다 하면 그들이 내게 묻기를 그의 이름이 무엇이냐 하리니 내가 무엇이라고 그들에게 말하리이까, 하나님이 모세에게 이르시되 나는 스스로 있는 자니라 또 이르시되 너는 이스라엘 자손에게 이같이 이르기를 스스로 있는 자가 나를 너희에게 보내셨다 하라. 하나님이 또 모세에게 이르시되 너는 이스라엘 자손에게 이같이 이르기를 나를 너희에게 보내신 이는 너희 조상의 하나님 곧 아브라함의 하나님, 이삭의 하나님, 야곱의 하나님 여호와라 하라 이는 나의 영원한 이름이요 대대로 기억할 나의 표호니라" 심방 가는 목적이 그 집을 주님의 집으로 세우는 목적으로 하셔야 합니다.

7. 심방은 꾸준하게 하여야 한다.

심방은 꾸준하게 해야 합니다. 애굽은 10가지 재앙으로 무너졌습니다. (출애굽기 7~12장). 꾸준하게 심방해야 합니다. 갈라디아서 6장 9절. "우리가 선을 행하되 낙심하지 말지니 피곤하지 아니하면 때가 이르매 거두리라" 낙심하지 말고 때를 기다리며 심방해야 합니다. 베드로전서 5장 8절. "근신하라 깨어라 너희 대적 마귀가 우는 사자 같이 두루 다니며 삼킬 자를 찾나니" 여러분! 우는 사자 같이 사단이 삼킬자를 두루 찾기에 우리는 꾸준하게 심방 가야 합니다. 가고 다음주일에 안가면 마귀에게 탁 잡힙니다. 꾸준하게 심방해야 합니다. 사단이 틈을 못타게. 여리고를 무너뜨리듯이. 심방은 꾸준하게 해야 합니다. 한 아이의 집을 1년 최소한 52번은 가야합니다. 1년 52번만 심방가면 그 집은 바뀌어 질 줄로 믿습니다.

여러분 중에 선생님 가을 운동회 때 식사하러 오세요. 초청받은 분. 이 이야기는 부모가 선생님과 친구가 됐다는 증거입니다. 이미 하나가 됐어요. 교회는 안 왔는데도. 꾸준히 가야 이게 가능합니다. 1년에 한번 만난 부모는 인사하느라 바빠요. 그러나 매주 만나면 친구처럼 만나잖아요. 인사로 끝나는 게 아니고 남편이야기, 친정이야기. 구구절절이 다 합니다.
그때부터 중보기도 들어가는거예요. 꾸준히 해야 가능합니
다. 심방은 꾸준히 하셔야 합니다. (아멘)

목양교사의 심방전략

1. 학교 앞 심방.

매일 전도를 통하여 만남으로 심방을 하게 됩니다.

2. 가정 방문 심방.

모든 재적을 토요일에 심방합니다. 가정에 아무도 없어도 갑니다. 문잡고 기도합니다. 보조리더와 함께 갑니다. 처음에는 교회서 준비한 선물을 가지고 가는 것도 좋습니다.

3. 심방을 통하여 가족 복음화가 이루어집니다.

목양교사의 심방7계명 강의안

1. 심방은 삼위일체 하나님의 마음이다.
1) 창 3장/ 죄를 지은 아담에게 찾아오셨다.
2) 빌 2:5-11/ 예수님께서 인간으로 이 땅에 우리를 찾아오
   셨다.
3) 행 2:1-4/ 성령께서 찾아오셨다.

2. 심방은 아버지 마음을 얻는 지름길이다.
1) 눅 15장/ 찾은 기쁨마음
2) 빌 2:5-6/ 낮아지는 겸손한 마음

3. 심방은 목자의 핵심 사역이다.
1) 잠 27:23/ 네 양떼의 형편을 부지런히 살피며 네 소떼에
   게 마음을 두라
2) 요 10:27/ 내 양은 내 음성을 들으며 나는 저희를 알며
   저희는 나를 따르느니라.
3) 심방을 통하여 양과 하나가 되는 것이다.

4. 심방은 강한 영적 전쟁이다.

 1) 행 8:4-8/ 마귀에게 눌린 현장

 2) 막 5:1-20/ 거라사 지방 군대 귀신

 3) 눅 4:17-18/ 예수님

5. 심방은 가족 복음화의 길이다.

 1) 눅 19:9/ 구원이 이집에 이르렀으니 이 사람도 아브라함
    의 자손임이로다.

 2) 행 16:34/ 온집이 하나님을 믿으므로 크게 기뻐하니라.

 3) 친구들 주위에 부모와 가족이 있다 그들을 구원하기 위
    함이다.

6. 심방은 사람을 세워야 한다.

1) 행 15:41/ 수리아와 길리기아로 다녀가며 교회들을 굳게
   하니라.

2) 왕상 19장/ 엘리야를 찾아가서 세우심

3) 출 3장/ 모세를 찾아가서 세우심

7. 심방은 꾸준하게 하여야 한다.

1) 출애굽의 10가지 재앙(출7:-12:)

2) 갈 6:9/ 낙심하지 말고 때를 기다려라.

3) 벧전 5:8/ 우는 사자같이.

한성택 목사의 4가지 전략 부흥회 설교집

기도 전도 양육 심방

초판 1쇄 2014년 11월 1일
지은이 한성택
펴낸이 박수정
발행처 e뉴스한국
주소 부산광역시 동구 중앙대로 298(초량동) 부산 YWCA 304호
전화 051)462-5495 팩스 051)462-5496

목양훈련원
주소 부산 부산진구 백양순환로 38(당감동)
전화 051)898-0881
등록번호 제 3-114호

ISBN 978-89-97087-06-8